T0326733

DETAIL Praxis

Tageslicht
Kunstlicht

Grundlagen
Ausführung
Beispiele

ULRIKE BRANDI LICHT

Edition Detail

Autoren:
Christina Augustesen, Dipl. Arch.
Ulrike Brandi Licht GmbH, Hamburg

Ulrike Brandi, Dipl.-Des., Geschaftsführerin
Ulrike Brandi Licht GmbH, Hamburg

Udo Dietrich, Prof. Dr. rer. nat.
Büro für Bauphysik, Gebäudesimulation und Integrales Planen, Hamburg

Annette Friederici, Kulturwissenschaftlerin M. A.
Ulrike Brandi Licht GmbH, Hamburg

Christoph Geissmar-Brandi, Dr. phil.
Ulrike Brandi Licht GmbH, Hamburg

Peter Thule Kristensen, Architekt, Ph. D.
Assistent am Lehrstuhl für Geschichte und Theorie der Architektur,
Achitekturschule der Königlichen Dänischen Kunstakademie, Kopenhagen

Merete Madsen, Architektin, Ph. D.
Assistentin am Lehrstuhl für Tageslichtforschung,
Architekturschule der Königlichen Dänischen Kunstakademie, Kopenhagen

Anja Storch, Rechtsanwältin/Mediatorin, Hamburg

Burkhard Wand, Dipl.-Ing.
Ulrike Brandi Licht GmbH, Hamburg

Projektleitung:
Andrea Wiegelmann, Dipl.-Ing.

Redaktion:
Nicola Kollmann, Dipl.-Ing. (FH),
Christina Schulz, Dipl.-Ing. Architektin

Zeichnungen:
Andrea Saiko, Dipl.-Ing. (FH)

© 2005 Institut für internationale
Architektur-Dokumentation GmbH & Co. KG, München
Ein Fachbuch aus der Redaktion DETAIL

ISBN 3-920034-12-0

Gedruckt auf säurefreiem Papier, hergestellt aus chlorfrei gebleichtem Zellstoff.

DTP & Produktion:
Peter Gensmantel, Andrea Linke, Roswitha Siegler, Simone Soesters

Druck:
Wesel-Kommunikation, Baden-Baden

1. Auflage 2005
3000 Stück

Institut für internationale
Architektur-Dokumentation GmbH & Co. KG
Sonnenstraße 17, D-80331 München
Telefon: +49/89/38 16 20-0
Telefax: +49/89/39 86 70
Internet: www.detail.de

DETAIL Praxis
Tageslicht
Kunstlicht

Kann man Licht planen?

In der freien Online-Enzyklopädie Wikipedia, eine der derzeit aktuellsten und spannendsten Wissenssammlungen, ist nachzulesen:
»Planung ist der geistige Akt der Gestaltung eines Planes mit unterschiedlich bedeutsamen und in ihrer Bedeutung wechselnden Wesenselementen. Deshalb sind auch Anwendung und Verständnis von Planung unterschiedlich. Im Einzelnen sei betont: Das Wesen von Planung kann als die bewusste, aktive Schaffung zielbezogener, bewerteter Vorstellungen beschrieben werden.
Um den Wirklichkeitsbezug herzustellen, sind noch zwei weitere Elemente erforderlich: Planung ist auf vorhandene oder mögliche Mittel (Ressourcen) zu beziehen, damit sie nicht wirklichkeitsfremd (utopisch) wird, und eine Planung ist zu irgendeinem Zeitpunkt abzuschließen – oder zu verwerfen, damit sie nicht sinnlos wird.
Eindeutigkeit ist der Zweck von Planung. Planung, das heißt die zeitlich und bezüglich der Mittel eingebundene, bewusste aktive Schaffung zielbezogener, bewerteter Vorstellungen dient stets der »Optimierung zukünftiger Handlungsabfolgen«. (Verlinkte) Beispiele sind u.a.: Landschaftsplanung, Stadtplanung, Regionalplanung, Genehmigungsplanung, Ausführungsplanung.«

Aber Lichtplanung?
ebenda:
»Licht ist der Teil der elektromagnetischen Strahlung, der vom menschlichen Auge wahrgenommen werden kann. Dies sind die elektromagnetischen Wellen im Bereich von etwa 380–780 Nanometer (nm) Wellenlänge (750 nm: rot, 400 nm violett/blau). Das sichtbare Spektrum ist Teil des elektromagnetischen Spektrums. Die unterschiedliche Empfindlichkeit von Pigment-Molekülen (Blau, Grün-Gelb, Orange-Rot) in verschiedenen Sehzapfenarten des menschlichen Auges für verschiedene Wellenlängen ist Grundlage der Photometrie. Während die Sehzapfen für Farbsehen verantwortlich sind, registrieren die Sehstäbchen in der Netzhaut mit den Retinal-Molekülen unter Rhodopsin-Abspaltung bei Photonen-Eingang die Lichtstärke …«.

Lässt sich Licht nur unter diesen Aspekten gut planen?
Die erste große deutsche Enzyklopädie, Zedlers Lexikon, »das Grosse vollständige Universallexikon aller Wissenschaften und Künste, welche bishero durch menschlichen Verstand und Witz erfunden und verbessert wurd (…) Leipzig 1732–1754« sieht das anders.
Einen Eintrag zu Planung gibt es nicht.
Aber folgenden zu Licht:
»Licht, ist vornehmlich zweyerley Art
Licht, Lat. Lux
Licht, Kertze
Licht, wird in heiliger Schrifft genennet
Licht heisset bey dem Baue die öffnung
Licht, das helle Theil eines Gemählde
Licht, ein brennendes und scheinendes war
Licht, der Dämmerung ähnliches
Licht, ewiges
Licht, Stärckedesselbigen
Licht, da niemand zukommen kann, darinen
Licht, das da scheinet in einem dunckeln
Licht hieß Gott aus der Finsterniß hervorleuchten
Licht ist dein Kleid
Licht ist Gott
Licht ist noch eine kleine Zeit bey euch
Licht ist süß
Licht kommet, dein
Licht lasset leuchten vor denen Leuten, ec.
Licht des Lebens
Licht meiner Augen ist nicht bey mir
Licht muß dem Gerechten immer wieder
Licht scheidete Gott von der Finsterniß, ec.
Licht scheinet in der Finsterniß
Licht versäumen
Licht wird's seyn um den Abend
Licht und Heil ist mir der Herr, vor wem ec.
Licht und Recht
Licht der Welt seyd ihr
Licht vom Himmel erleuchtete
Licht werden
Licht wird hervor brechen wie die Morgen-Röthe«

Mit diesem Konzept kommen wir besser zurecht. So bemühen sich die Autoren (innen) dieses Bandes um Tageslicht und Kunstlicht in den heutigen Bauprozessen, beginnend im 20. Jahrhundert. Wir starten unsere Übersicht daher mit dem letzten Kapitel des Buches.
Merete Madsen und Peter Thule Kristensen verfolgen mit Beispielen chronologisch das Tageslicht als Baustoff des 20. und beginnenden 21. Jahrhunderts. Über die schon die Planungen dominierende Rolle von Kosten und Verträgen schreibt Anja Storch. Als Juristin berät und unterstützt sie den Planer.
Die Musealisierung der Automarke DaimlerChrysler findet ihren derzeitigen Höhepunkt in dem Neubau des Neuen Mercedes Benz Museums in Stuttgart von UNStudio. Das Ausstellungslicht ist in Abstimmung mit dem Tageslicht geplant. Ein Schnellkursus über das Procedere der Kunstlichtplanung steht als kleiner Leitfaden für die Schritte vom ersten »Licht«-Verständnis eines Gebäudes bis zur abgeschlossenen Planung und ist anhand von Beispielen beschrieben.
Neue Tendenzen der Lichtplanung innerhalb der gewerkeübergreifenden Gebäudeautomation sind im vorangehenden Beitrag behandelt.
Dass Licht und sein Begleiter der Schatten die Hauptakteure in einem Raum, einem Gebäude sein können, belegt Christina Augustesen mit dem Entwurf einer Kirche.
Der Wunsch nach Zusammenführung von Kunstlicht- und Tageslichtinstrumenten zum Zweck der Energieoptimierung und gleichzeitigen Komfortsteigerung war Grundlage der Planung für den Neubau der Stadtwerke Schönebeck. Im Beitrag sind dafür infrage kommende Systeme und Bausteine vorgestellt.
Udo Dietrich erläutert in einem langen zusammenhängenden Artikel, wie die Tageslichtnutzung beim Entwurf von Neubauten berücksichtigt werden kann – eine praxisnahe Zusammenfassung, die uns so bisher nicht geläufig ist.
Und schließlich hat das natürliche Licht sehr viel Einfluss auf unser Wohlbefinden, wie Annette Friederici und Burkhard Wand in ihrem Artikel aufzeigen.
Wir hoffen, dass der Band ein wenig hilft, ein Bewusstsein zu schaffen für mehr Licht in der Architektur.

Hamburg, im Mai 2005
Ulrike Brandi
Christoph Geissmar-Brandi

Abbildung rechte Seite: Galerie de L'Evolution, Museum für Naturgeschichte, Paris, Umbau 1994. Nicht realisierter Entwurf einer Tageslichtdecke, die den Sonnenverlauf entsprechend dem jahreszeitlichen Wechsel abgebildet und damit wechselnde Lichtstimmungen im Innern erzeugt hätte. Die endgültige Planung ist aus restauratorischen Gründen mit Kunstlicht umgesetzt (siehe Seite 82/83).

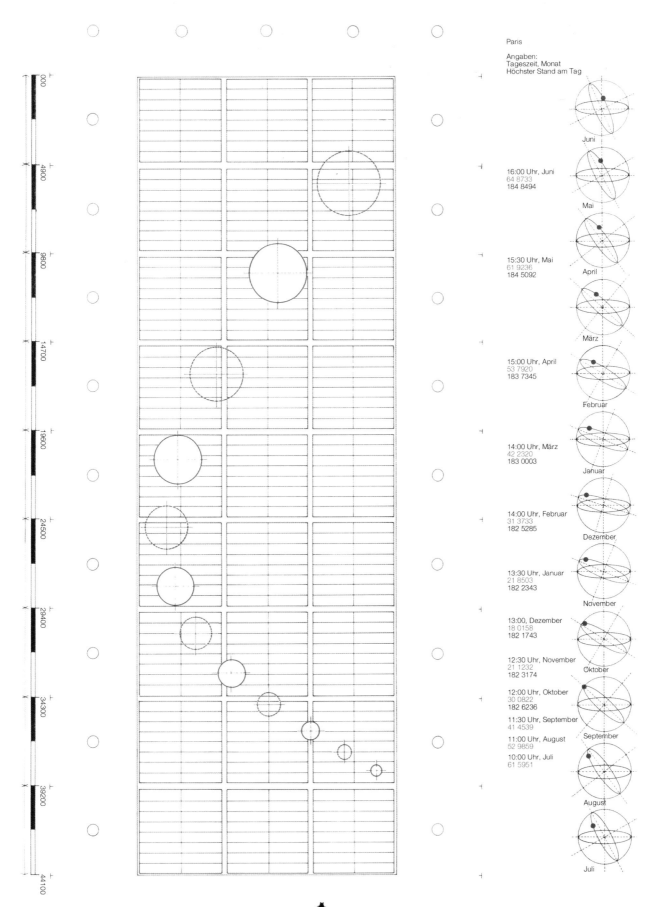

Paris

Angaben:
Tageszeit, Monat
Höchster Stand am Tag

Juni

16:00 Uhr, Juni
64 8733
184 8494

Mai

15:30 Uhr, Mai
61 9236
184 5092

April

15:00 Uhr, April
53 7920
183 7345

März

14:00 Uhr, März
42 2320
183 0003

Februar

14:00 Uhr, Februar
31 3733
182 5285

Januar

13:30 Uhr, Januar
21 8503
182 2343

Dezember

13:00, Dezember
18 0158
182 1743

November

12:30 Uhr, November
21 1232
182 3174

Oktober

12:00 Uhr, Oktober
30 0822
182 6236

11:30 Uhr, September
41 4539

September

11:00 Uhr, August
52 9859

10:00 Uhr, Juli
61 5951

August

Juli

000
4900
9800
14700
19600
24500
29400
34300
39200
44100

Tageslicht und Wohlbefinden

Annette Friederici
Burkhard Wand

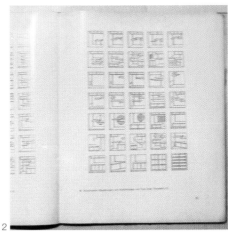

Ohne Licht kein Leben

Von Geburt an strebt der Mensch zum Licht. Es bildet die Existenzgrundlage fast sämtlichen Lebens auf unserem Planeten. Ohne Licht könnten wir nicht atmen, nicht sehen und keine Farben erkennen (Abb. 1). Als Energiequelle für die Photosynthese ist Licht die primäre Lebensquelle für den Menschen und steuert über den visuellen Wahrnehmungsapparat wichtige informationsverarbeitende Prozesse. Darüber hinaus wurden innerhalb der Biowissenschaften die photobiologischen Eigenschaften (NIF/Non Image Forming) des Lichts erforscht und deren Bedeutung für das menschliche Wohlbefinden hervorgehoben. So ermöglicht uns der Sehapparat durch komplexe Abläufe nicht nur eine Orientierung im Raum, sondern reguliert motorische und hormonale Prozesse, die dazu beitragen, ein Raumgefühl zu entwickeln.

Das Wissen über die Wirkungen von Tageslicht als Steuerungselement verschiedenster psychophysiologischer Prozesse im Organismus verändert und erweitert die herkömmlichen Konzepte der Tageslichtplanung für Gebäude. Es erfordert ein ganzheitliches Denken, das architektonische, lichttechnische und biowissenschaftliche Aspekte berücksichtigt.

Zur psychophysiologischen Wirkung von Tageslicht

Die Abhängigkeit des Menschen vom Tageslicht und die positive Wirkung des natürlichen Lichts auf die Gesundheit wird uns meist erst in Situationen bewusst, in denen wir einem Mangel oder einem Übermaß an Licht ausgesetzt sind. Durch das Auge und die Haut werden beim Menschen photobiologische Prozesse ausgelöst, die sich auf unsere körperliche und seelische Verfassung auswirken. Schlechte Lichtverhältnisse führen zu Ermüdungserscheinungen von Augen und Gehirn (Abb. 2).

Die Beschaffenheit von Licht kann auch die psychische Konstitution des Menschen beeinflussen. Bekanntestes Beispiel hierfür ist der Einfluss von Tageslicht im jahreszeitlichen Verlauf. Kurze, trübe Tage im Winter haben häufig einen negativen Einfluss auf unsere Stimmung. Wie Untersuchungen der Niederländischen Stiftung für Beleuchtungswissenschaft zeigen, spüren etwa 70 % der Bevölkerung diese leichten depressiven Verstimmungen. Sie belegen auch, dass die Symptome durch zusätzliches Licht am Arbeitsplatz gelindert werden können, was wiederum zu einer Steigerung des Wohlbefindens führt und sich damit positiv auf die Leistungsfähigkeit auswirkt. In ihrer chronischen Form wird die Winterdepression von der Wissenschaft als Seasonal Affective Disorder (SAD) bezeichnet und tritt bei ca. 3 % der Bevölkerung auf. Sie kann mit Hilfe einer Lichttherapie während der dunklen Jahreszeit erfolgreich behandelt werden.

Licht ist der wichtigste Zeitregler des menschlichen Biorhythmus. Der Wechsel von Tag und Nacht, den die Erdrotation im 24h-Rhythmus bewirkt (circadiane Rhythmik), löst im menschlichen Körper die Produktion von Hormonen aus (Abb. 3). Sie beeinflusst unser Zeitgefühl nach neueren wissenschaftlichen Erkenntnissen wesentlich stärker als soziale Faktoren wie Arbeits- oder Essensrhythmen. So ist beispielsweise die Ausschüttung des Hormons Melatonin (Schlafhormon) in der Epiphyse abhängig von der Lichtstärke, Zeitdauer und spektralen Zusammensetzung des auf die Netzhaut einfallenden Lichts. In der Arbeitswelt hat die Optimierung der Produktionsprozesse zu einer Verlängerung der Arbeitszeiten in die Nacht hinein (bessere Auslastung der Produktionsstätten) und zum Bau weitgehend fensterloser Arbeitsräume (Flächen- und Ablaufoptimierung) geführt. Kunstlichtsysteme wurden entwickelt, die das

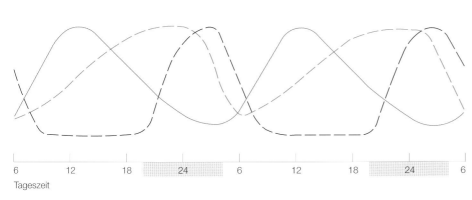

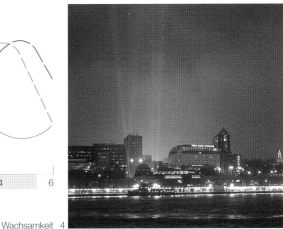

Tageszeit

| 6 | 12 | 18 | 24 | 6 | 12 | 18 | 24 | 6 |

3 — — — — — Cortisol　　— — — — — Melatonin　　———————— Wachsamkeit 4

Tageslicht durch statische Beleuchtungsstärken ersetzen sollten, jedoch die fehlende ultraviolette Strahlung und Lebendigkeit des Sonnenlichts nicht ausglei-
chen können (Abb. 5 a, b). Eine der typischen Krankheiten der neueren Zeit, die
auf den Mangel an Tageslicht zurückzu-
führen sind, ist Rachitis. Durch den Mangel an ultraviolettem Sonnenlicht (280 nm
–320 nm) kann der Körper über die Haut
nicht ausreichend Vitamin D produzieren,
das die Kalziumaufnahme aus der Nah-
rung und dessen Einbau in die Knochen
reguliert. Die Folge ist eine Erweichung
der Knochen, die zum Wachstumsstill-
stand oder sogar zur Knochenrückbildung
führen kann.

Darüber hinaus ist das Fehlen von Tageslicht neben der Klimatisierung die zweit-
häufigste Ursache für das Auftreten von
SBS, dem Sick-Building-Syndrome. Der
Begriff wurde 1983 von der Weltgesund-
heitsorganisation geprägt und umfasst
die negativen Auswirkungen der bebau-
ten Umwelt, die sich nicht auf eine konkrete organische Erkrankung zurückfüh-
ren lassen. Wie eine Studie von A. und G.
Çakir belegen konnte, nahmen die typischen Symptome von SBS wie Kopf-
schmerzen, Ermüdung, Benommenheit
und Augenbeschwerden in dem Maße
zu, in dem künstliche Beleuchtung domi-
nierte. Die Beschwerden wurden größer,
je mehr der Arbeitsplatz im Rauminnern
lag, während die Zunahme von Tageslicht
eine leistungssteigernde Wirkung zeigte.
Auch das Phänomen der psychologischen
Blendung deutet darauf hin, dass künstliche Beleuchtung trotz normgerechter
Ausführung die Qualitäten des Tageslichts nicht ersetzen kann.
Die psychologische Blendung ist der
Ausdruck einer subjektiv empfundenen
Störung, die durch zu große Leuchtdich-
teunterschiede im Gesichtsfeld hervor-
gerufen wird. So können stark beleuchtete

Flächen oder Leuchten selbst durch
Blendung unsere Sehleistung beeinträch-
tigen und damit zu einer Verschlechte-
rung unseres Wohlbefindens führen, während wir die Blendung durch Sonnenlicht
meist als angenehm wohltuend empfinden. Die Ursachen hierfür sind zwar noch
unbekannt, doch lässt sich vermuten,
dass die Blendung durch Tageslicht weniger störend wirkt, da es zugleich Informa-
tionsträger (Tages-, Jahreszeit, schlech-
tes, gutes Wetter etc.) für uns ist.

Qualitäten des natürlichen Lichts
Was aber zeichnet Tageslicht gegenüber
künstlicher Beleuchtung aus? Und worin
liegen seine besonderen Qualitäten? Die
Entwicklung, dass der Mensch in zuneh-
menden Maße nur noch einem Bruchteil
der Tageslichtmenge ausgesetzt ist, die
bei natürlichen Lebensweisen auf ihn ein-
wirken und seine Körperfunktionen steuern würden, ist irreversibel. Instinktiv wen-
den wir uns in vielen Situationen dem Tageslicht zu: der Blick aus dem Bürofens-
ter, der erste Atemzug, wenn wir künstlich
beleuchtete, fensterlose Räume verlas-
sen. Schon eine normgerechte Beleuchtungsstärke von 500 lx am Arbeitsplatz
kann als störend hell empfunden werden,
während 5000 lx im Freien auf uns als
wohltuende Dunkelheit wirken. Das Beispiel macht anschaulich, wo die Defizite
einer reinen künstlichen Beleuchtung liegen.

1 Sonnenblumen, der Sonne zugewendet. Ohne
　Licht könnten wir nicht atmen, nichr sehen und
　keine Farben erkennen.
2 Schlechte Lichtverhältnisse führen zu Ermüdungs-
　erscheinungen von Augen und Gehirn. Wir kön-
　nen uns nicht mehr konzentrieren, vor unseren
　Augen verschwimmen die Buchstaben und Worte
　werden zu Hieroglyphen.
3 2 x 24-Stunden-Diagramm verschiedener circadia-
　ner Rythmen im menschlichen Körper
4 Lichtverschmutzung im Hamburger Hafen bei Nacht.
　In den Städten der großen Industrienationen wird
　die Nacht mittels Kunstlicht zum Tag. Dies hat zu
　einer empfindlichen Störung des ökologischen
　und biologischen Gleichgewichts geführt.
5 a Spektrale Zusammensetzung des Sonnenlichts
　 b Spektrum Leuchtstofflampe, ohne UV-B-Anteil

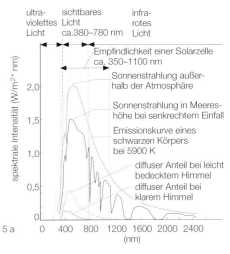

ultra-　sichtbares　infra-
violettes Licht　rotes
Licht　ca.380–780 nm　Licht

Empfindlichkeit einer Solarzelle
ca. 350–1100 nm

Sonnenstrahlung außer-
halb der Atmosphäre

Sonnenstrahlung in Meeres-
höhe bei senkrechtem Einfall

Emissionskurve eines
schwarzen Körpers
bei 5900 K

diffuser Anteil bei leicht
bedecktem Himmel
diffuser Anteil bei
klarem Himmel

spektrale Intensität (W/m²* nm)

2,0

1,5

1,0

0,5

0

5 a　0　400　800　1200　1600　2000　2400
　　　　　　　　　　(nm)

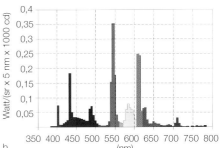

Watt/(sr × 5 nm × 1000 cd)

0,4
0,35
0,3
0,25
0,2
0,15
0,1
0,05

350 400 450 500 550 600 650 700 750 800
(nm)
b

9

6 a

b

Der Lichtwechsel, die Dynamik des Tageslichts, wirkt anregend auf uns. Das Licht wird in vielfältiger Weise moduliert, verformt und strukturiert, bevor es als sekundäres Informationslicht auf unsere Netzhaut fällt. Denn wir sehen nie die gesamte Lichtmenge, die auf ein Objekt trifft (Beleuchtungsstärke), sondern nur das von dort reflektierte Licht (Leucht-dichte), das in seiner Menge und Zusam-mensetzung von der beschienenen Ober-fläche abhängig ist (siehe auch S. 17, 18). Auf der Basis von Helligkeits- und Farbkontrasten erhalten wir Auskunft über Form, Farbe und Räumlichkeit unserer

Umgebung (Abb. 7). Daraus ergeben sich folgende dynamische Komponenten für das Tageslicht, die in Abhängigkeit stehen zur spektralen Transparenz der Atmosphäre an einem Ort (wechselnde Witterungsverhältnisse, Partikelgehalt der Luft) und dem jeweiligen jahres- und tageszeitlichen Verlauf der Sonne.

Helligkeit
Die Beleuchtungsstärke im Freien kann infolge der vorher genannten Einflussgrö-ßen von über 100000 lx an einem sonni-gen Sommertag bis unter 5000 lx an einem bedeckten Wintertag variieren.

Blauer Himmel:
4000 cd/m²

Bedeckter Himmel:
6000 cd/m²

Sonne:
1600000000 cd/m²

Beleuchtungsstärke bei bedecktem Himmel:
5000–20000 lx

Beleuchtungsstärke bei Sonne:
20000–100000 lx

7

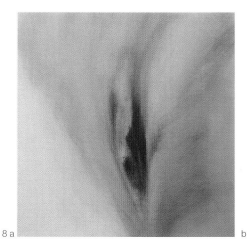
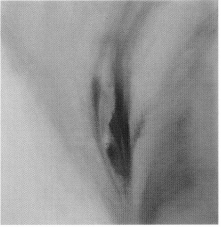
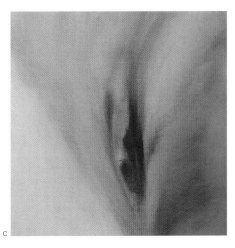

8 a   b   c

Wir sprechen dann von unterschiedlichen Helligkeiten des Tageslichts, genau genommen sehen wir jedoch die Leuchtdichten der bestrahlten Oberflächen. Diese absoluten, physikalisch messbaren Werte (Leuchtdichte in candela pro m²) sind für unsere Empfindung von Helligkeit aber nur bedingt von Bedeutung. Wie hell oder wie dunkel wir einen Bereich empfinden, hängt nicht nur von der Intensität des physikalischen Reizes (Leuchtdichte) ab. Stets sind es die relativen Helligkeiten unterschiedlicher Bereiche zueinander, die eine Helligkeitsempfindung auslösen, wie folgendes Beispiel zeigt:

Betrachtet man eine dunkle Hausfassade im direkten Sonnenlicht und ein weißes Blatt Papier auf einem normgerecht beleuchteten Schreibtisch, so ist der physikalische Reiz, der von der dunklen Hausfassade ausgeht, um ein Vielfaches größer als der des Papiers (Abb 6 a, b). Und doch erscheint uns die Fassade schwarz und das Papier weiß, da es sich im ersten Fall um einen relativ schwachen Reiz bei extrem hellem Tageslicht und im zweiten um den stärkst möglichen bei künstlicher Beleuchtung handelt.

Farbe und spektrale Zusammensetzung des Tageslichts
Die Sonne ist der Ursprung des natürlichen Lichts. Tritt Sonnenlicht durch die Erdatmosphäre, so wird es dort tagsüber vor allem im Bereich des kurzwelligen blauen Spektrums gestreut. Daher erscheint uns die Lichtfarbe des Himmels blau. Sie kann – je nach Witterungsverhältnissen – zwischen einem Weiß-Grau bei bewölktem (~5000 K) und einem klaren Blau bei wolkenlosem Himmel (~100000 K) variieren.
Sonnenaufgang und Sonnenuntergang erscheinen uns rot, da das Licht nun einen weiteren Weg durch dichtere erdnahe Gebiete der Atmosphäre zurücklegen

muss. Der Blauanteil des Sonnenlichts wird stärker gestreut, es kommen hauptsächlich die langwelligen Anteile des Lichtes (Rot) durch.
Trotz der sehr unterschiedlichen Farbtemperaturen (gemessen in K = Kalvin), nehmen wir Tageslicht als mehr oder weniger weißes Licht wahr. Es scheint, als ob unser visuelles System die spektralen Eigenschaften der einfallenden Strahlung bewerten und die Auswirkungen auf das Aussehen der Objekte kompensieren kann. Dieses Wahrnehmungsphänomen wird als Farbkonstanz bezeichnet (Abb. 8 a–c).

Lichtrichtung
Beim Tageslicht unterscheidet man zwischen dem gerichteten Sonnenlicht (als annähernd paralleles Licht mit einem Öffnungswinkel von nur 0,5°) und dem diffusen Himmelslicht (Streulicht), das bei klarem oder bewölktem Himmel existiert. Auch die Schattigkeit, die auf der Wirkung von Kontrasten beruht, wird – neben Einflussfaktoren wie Licht bzw. Lichtart, Umgebung und Betrachter – durch die Lichtrichtung bestimmt. An unserer Raum- und Objektwahrnehmung ist maßgeblich der Schatten beteiligt. Je nach Anteil des gerichteten Sonnenlichtes und diffusen Tageslichtes sind neben den Hell-Dunkel-Kontrasten farbige Schatten an den bestrahlten Objekten zu beobachten, deren Farbton der Komplementärfarbe des Lichts entspricht (Abb. 9).

6 a, b Betrachtet man eine Ziegelfassade im direkten Sonnenlicht und ein weißes Blatt Papier auf einem normgerecht beleuchteten Schreibtisch, so ist der physikalische Reiz, der von der Hausfassade ausgeht, um ein Vielfaches größer als der des Papiers, und doch erscheint uns die Fassade dunkler und das Papier gleißend hell.
7 Beispielhafte Himmelsleuchtdichten (cd/m²) und gekoppelte Beleuchtungsstärken (lx) auf Erdniveau. Wir sehen allerdings nicht die Beleuchtungsstärken, sondern nur die Leuchtdichten als Helligkeiten. Das ist der Anteil des Sonnen- und Himmelslichtes, der von den angestrahlten Objekten reflektiert wird und in unser Auge trifft. Bei gleicher Beleuchtungsstärke auf Erdniveau nehmen wir das Tageslicht also je nach Reflexionsvermögen der beleuchteten Oberflächen als unterschiedliche Helligkeiten (Leuchtdichten) wahr. Die Wiese erscheint dunkler als die Wasserfläche, bei bedecktem Himmel weniger kontrastreich als bei Sonnenschein.
8 a Objekt unter Tageslicht (Blaustich)
   b Objekt unter Kunstlicht (Gelbstich)
   c Objekt, wie es vom Menschen wahrgenommen wird.
9 Claude Monet, Getreideschober, 1891. Das Bild zeigt die beschriebenen farbigen Schatten.

9

Tageslichtnutzung in Gebäuden

Erst durch Licht werden Räume für uns erlebbar, daher gehören Lichtplanung und -gestaltung zu einem wesentlichen Bestandteil der Architektur. Das Lichtkonzept bestimmt den Eindruck des Raumes, der sich je nach Lichtführung verändert. Innerhalb kürzester Zeit erhalten wir visuelle Informationen über den Raum, in dem wir uns befinden, ohne ihn erst mühsam abtasten zu müssen. Wie wir Räume wahrnehmen, welche Sympathie oder Antipathie sie in uns erwecken, hängt nicht allein von den Lichtreizen ab, die auf unsere Netzhaut treffen, sondern ist an andere Sinneseindrücke gebunden, die beim Sehen assoziativ angesprochen werden und an der Gestaltung der Sehinformation entscheidend beteiligt sind. Raum und Nutzer üben eine wechselseitige Wirkung aufeinander aus. Die bewusste Wahrnehmung eines Raumes ist eine Abstraktion, ein schöpferischer Vorgang, der durch unseren emotionalen Zustand, unsere Erfahrung und unser Wissen ebenso beeinflusst wird wie durch Geräusche, Düfte oder Farben.

Bis zur globalen Einführung der Elektrifizierung vor gut 100 Jahren waren gebaute Räume noch ausschließlich auf Tageslicht angewiesen. Mit Einführung der Leuchtstofflampe, die eine höhere Lichtausbeute als die Glühbirne aufwies und damit verbesserte Wirtschaftlichkeit versprach, veränderten sich ab Mitte des 20. Jahrhunderts auch die Belichtungskonzepte. Besonders in den 80er-Jahren propagierte man den Bau fast tageslichtloser Großraumbüros, die mittels automatisierter zentraler Steuerung mit (Kunst-)Licht und Luft versorgt wurden. Heute ist man wieder zu einer vermehrten Nutzung von Tageslicht übergegangen, nicht zuletzt auf Grund der Erkenntnis, dass eine durchgängig konstante künstliche Beleuchtung zu keiner Optimierung der Produktivität führt, sondern vielmehr negative gesundheitliche Effekte hervorruft, die die Leistungsfähigkeit und Motivation der Mitarbeiter reduzieren.

Im privaten Wohn- wie im öffentlichen Arbeitsbereich ist man auf eine Kombination von Tages- und Kunstlicht angewiesen, um die Sehleistung, den Sehkomfort und die Wirtschaftlichkeit zu verbessern. Die Beleuchtung muss sowohl den visuellen als auch den nichtbilderzeugenden Bedürfnissen Genüge leisten. Eine ermüdende, laborhaft gleichmäßige Beleuchtung oder eine durch Lichteffekte hervorgerufene irritierende Dramatik sollte hierbei vermieden werden, um die Orientierung des Benutzers im Raum und am Arbeitsplatz zu erleichtern. Die Identifikation mit der Umgebung ist ein wesentliches Kriterium für sein körperliches, geistiges und seelisches Wohlbefinden. Funktionale, ästhetische und emotionale Aspekte stehen dabei in Wechselwirkung zueinander. Gefragt sind Konzepte, in denen der Einsatz von Tageslicht und Kunstlicht Synergien bildet.

Dabei ist zu beachten, dass die Nutzung von Tageslicht in der Architektur ein subtraktiver Prozess ist, da nur ein Teil des Lichts in das Innere der Gebäude gelangt, hingegen die Beleuchtung mit Kunstlicht ein additiver Prozess ist, »bei dem Lumen für Lumen im Inneren des Raumes erzeugt werden muss« (Volkher Schultz).

Im Folgenden werden beispielhaft einige Nutzungsbereiche gezeigt, in denen moderne Lichtkonzepte die Qualitäten des Tageslichts intensiv nutzen und sie mit Kunstlicht sinnvoll ergänzen.

Beispiel Arbeitsplatz

Licht am Arbeitsplatz in der Verwaltung oder Produktion sollte eine gesunde, sichere und komfortable Arbeitsumgebung gewährleisten. Nach Maßgabe dieser drei Faktoren lassen sich für eine gute und effiziente Ausführung der Sehaufgabe folgende Beleuchtungskriterien für Tages- und Kunstlicht bestimmen:

- Beleuchtungsstärke
- Gleichmäßigkeit (am Arbeitsplatz)
- Leuchtdichten-Verhältnisse innerhalb des Sehfeldes
- Vermeidung von Blendung
- Lichtverteilung (im Raum)
- Farbeigenschaften des Lichtes

Unfallhäufigkeit, Fehlerquote und Arbeitsleistung sind unmittelbar abhängig von der Beleuchtungsqualität. Der arbeitende Mensch benötigt für eine gleichmäßig hohe Produktivität kurze Entspannungsphasen als Ausgleich, in denen er sich durch andere sensorische Reize Abwechslung verschaffen kann, um körperliche und geistige Ermüdungserscheinungen zu vermeiden. Im tagesbelichteten Büro besteht in der Regel die Möglichkeit, sich durch ein Fenster mit einer genügend großen Lichtmenge zu versorgen. Nacht- bzw. Schichtarbeit erfordert dagegen ein Arbeiten gegen den natürlichen Biorhythmus. Amerikanische Wissenschaftler konnten belegen, dass sich mit einer Beleuchtungsstärke ab 2000 lx die Melatoninausschüttung (Melatonin: Schlafhormon) unterdrücken bzw. verschieben lässt, während das übliche Beleuchtungsniveau

von 500 lx am Büroarbeitsplatz keine Auswirkungen auf das körperliche Wohlbefinden hatte. Eine helle Arbeitsumgebung erhöht die Körperaktivität und trägt dadurch zu einer Leistungssteigerung bei. Andererseits kann ein Übermaß an Aktivität das Gegenteil bewirken und der Ermüdung Vorschub leisten. Je nach Arbeitssituation sollten daher individuelle Beleuchtungsbedürfnisse und übergeordnete Interessen berücksichtigt werden, um optimale Ergebnisse zu erzielen.

Beispiel Krankenhaus
Hatte schon der römische Architekturtheoretiker Vitruv im 1. Jahrhundert vor Christus nach Möglichkeiten gesucht, das Wissen um die heilende Wirkung von Tageslicht auf die Architektur anzuwenden, so mag es heute verwundern, dass man über viele Jahrzehnte des 20. Jahrhunderts hinweg der therapeutischen Wirkung von Licht im Bau von Krankenhäusern keine oder nur geringe Aufmerksamkeit schenkte. Das Krankenhaus wurde von hochtechnisierter Apparatemedizin geprägt, die zwar den Patienten in einzelne Funktionseinheiten sezieren konnte, darüber aber den ganzen Menschen – das Zusammenspiel von Psyche und Soma – vergaß. In jüngster Zeit arbeiten Architekten und Designer an einer Innen- und Außenarchitektur, die wieder ein ganzheitliches Denken in den Mittelpunkt rückt. Viele Krankenhausträger haben erkannt, nicht zuletzt aufgrund des hohen wirtschaftlichen Drucks, dass der Heilungsprozess durch sogenannte »Wellbeing-Faktoren«, zu denen auch der bewusste Einsatz von Licht als therapeutische Intervention gehört, positiv beeinflusst werden kann.
Ein verbesserter Service und Komfort schaffen ein stimulierendes Umfeld, das nicht nur die Einnahme von Medikamenten verringert, sondern auch den Aufenthalt verkürzt. Von einer ausgewogenen

Tages- und Kunstlichtbeleuchtung profitiert nicht nur der Patient, sondern auch das Klinikpersonal. Eine harmonische Lichtstimmung dient dem Wohlbefinden auf beiden Seiten, reduziert Stress und Ängste und schafft Behaglichkeit.

Landesversicherungsanstalt der Freien Hansestadt Hamburg
Architekt: Schweger und Partner, Hamburg
Lichtplanung: ULRIKE BRANDI LICHT
Die LVA erhielt ein neues, architektonisch klar gegliedertes Verwaltungsgebäude. Gestalterische Zurückhaltung und hohe Funktionalität prägen das Bild der Räume, dem sich das Licht auf selbstverständliche Art unterordnet.
10 In der Eingangshalle betonen deutliche »Lichtinseln« auf dem Boden bestimmte Bereiche. Blickfang ist die dem Eingang gegenüberliegende Wand (großflächig beleuchtet) und der Ausblick in den Hof (Streiflicht auf Pflanzen). Der Hauptleuchtentypus ist das Downlight mit seiner runden Deckenöffnung. Dahinter verbirgt sich eine differenzierte Technik zur Lichtlenkung: die Reflektoren erzeugen je nach Bedarf engbündelnde, breitstrahlende oder asymmetrische Lichtkegel und ermöglichen so ein breites Repertoire an Lichtstimmungen.
11, 13 Foto und Grundriss zeigen ein Standardbüro auf der Westseite. Die fast raumhohe Verglasung schafft eine großzügige Sichtbeziehung nach außen und versorgt das Büro optimal mit Tageslicht. Eine hinterlüftete zweite Glashaut bildet einen Pufferraum vor der raumseitigen Verglasung, in dem eine perforierte Jalousie angebracht ist, die vor Überhitzung und Blendung schützt und Tageslicht an die Decke und in die Raumtiefe lenken kann (siehe auch S. 46–47). Die künstliche Beleuchtung ordnet sich dem Tageslichtkonzept unter: Arbeitsplatzbezogene Stehleuchten mit hohem Indirektanteil stehen in Fensternähe und nutzen ebenfalls das Reflexionsvermögen der Decke.
12 Downlights sorgen in der Kantine für ein großflächiges, gleichmäßiges Licht, das nicht auf die Tische bezogen ist. Kleine abgependelte Leuchten schaffen »Reizlicht« und setzen Lichtakzente.

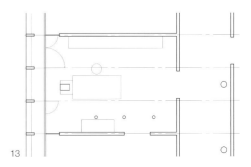

Industrieanlage B. Braun, Melsungen
Architekten: James Stirling, Michael Wilford
mit Walter Nägeli
Lichtplanung: ULRIKE BRANDI LICHT
Lichtkonzept: Spannung belebt – differenzierte
Erlebnisbereiche durch Gegeneinanderstellen von
Tages- und Kunstlicht.
14 Auslieferungshalle (1. Bauabschnitt, 1992)
15 Bürolandschaft im Erweiterungsbau, 2001
    Das papierarme »Bürokonzept 2010« sieht fle-
    xible, vom Nutzer täglich neu wählbare Arbeits-
    plätze unterschiedlichen Charakters vor, die
    auch durch die Belichtung ihre spezifische At-
    mosphäre erhalten. Offene extrovertierte Zonen
    mit Ausblick werden geschlossenen introvertier-
    ten Räumen, in denen die visuellen Reize redu-
    ziert sind, gegenübergestellt.
16 Foyer Verwaltungsbau (1. Bauabschnitt, 1992)

17 18

Beispiel Sporthalle

Auch bei Schul- und Sportbauten spielt die Nutzung von Tageslicht eine wichtige Rolle. Die Lösungen müssen sich im Spannungsfeld der teilweise widersprüchlichen Anforderungen wie hohe Tageslichtmenge, geringer Wärmeeintrag und Blendfreiheit bewähren.

Eine innovative Konzeption hierfür weist die Sporthalle der Grundschule Burgweinting in Regensburg auf (Abb. 17, 18). Ihre umlaufende Glasfassade ist mit Gläsern bestückt, die je nach Himmelsrichtung unterschiedlich ausgerüstet sind. Sie erfüllen die oben genannten Anforderungen ohne zusätzliche, meist bewegliche und wartungsintensive Bauteile.

Die nach Süden gerichtete Längsfassade enthält eine Photovoltaik-Isolierverglasung, die einen großen Teil der Wärmestrahlung absorbiert (Sonnenschutz) und gleichzeitig, trotz der hohen Verschattung durch die Photovoltaik-Module, ausreichend Tageslicht in das Halleninnere einlässt (Lichttransmission). Der hierfür erforderliche lichtdurchlässige Abstand der einzelnen Module zueinander von 20 mm wurde mittels Lichtsimulationen am Fraunhofer Institut für solare Energiesysteme ISE in Freiburg ermittelt.

Um im Innenraum zu starke Hell-Dunkel-Kontraste zu vermeiden, wurde die innen liegende Glasscheibe mit einer hellmatten Folie beschichtet. Sie bricht und streut das Licht so, dass die Turnhalle blendungsfrei ausgeleuchtet wird. Als positiver Nebeneffekt wird mit dieser Fassade Strom erzeugt und in das öffentliche Netz eingespeist.

Da an Ost- und Westfassaden grundsätzlich nur geringe solare Energiegewinne erzielbar sind, wurde bei der Einfachturnhalle an diesen Seiten auf Photovoltaik-Module verzichtet. Stattdessen sorgen hier transluzente, lichtstreuende Isoliergläser (Okalux K) für eine hohe diffuse Ausleuchtung der Halle ohne jegliche Blendung. Die Nordseite ist mit Standard-Wärmeschutzglas bestückt und ermöglicht neben einem Maximum an diffusem Lichteintrag auch den Ausblick zum Himmel.

Die Lichtsimulationen zeigten, dass das Tageslichtangebot an jedem Punkt der Halle ausreichend, in Hallenmitte jedoch deutlich höher als in den Randzonen ist. Um diese Helligkeitsunterschiede auszugleichen, ist der Sportboden an den lichtärmeren Randbereichen (außerhalb des Spielfelds) mit hellerem Linoleum belegt als in Hallenmitte.

Gute Lichtkonzepte für Innenräume dienen dem Wohlbefinden der Menschen. Dies tun sie zuallererst durch die weitestgehende Nutzung des Tageslichts, seiner dynamischen Qualitäten, letztlich seiner Unverwechselbarkeit, deren Wirkung sich mit Kunstlicht nur andeutungsweise simulieren lässt. Steht Tageslicht nicht oder nicht ausreichend zur Verfügung, so tritt Kunstlicht ergänzend hinzu. Es kann sich, flimmerfreies Licht und die Möglichkeit zur Regulierung von Lichtniveau und Lichtfarbe sowie eine gute Farbwiedergabe vorausgesetzt, der Tageslichtkonzeption zurückhaltend unterordnen. Oder das Kunstlicht erzeugt bei Nacht eine eigenständige Lichtstimmung und kontrastiert die Tageslichtsituation spannungsvoll. Ersetzen kann künstliches Licht die Qualitäten des Tageslichts jedoch nicht.

17, 18 Sporthalle der Grundschule Burgweinting, Regensburg
Architekt: Tobias Ruf, Hochbauamt Regensburg
In die umlaufende Isolierverglasung sind an der Südseite Photovoltaikzellen integriert, die nicht nur Strom erzeugen, sondern auch dem Sonnenschutz dienen. Die innenliegende Glasscheibe ist zusätzlich mit einer lichtstreuenden Folie beschichtet.

Tageslicht
Eigenschaften und einfache Planungsregeln

Udo Dietrich

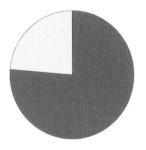

- ☐ Heizen und Lüften
- ■ Beleuchtung
- ☐ Warmwasser

1

Warum Tageslicht nutzen?

Der Mensch nimmt den überwiegenden Teil aller Sinneseindrücke und aller aufzunehmenden Informationen mit den Augen wahr. Ohne Licht wäre dieser Text nicht zu lesen. Durch das Licht erschließt sich die räumliche Wahrnehmung und Orientierung. Nur durch das Licht können wir Farben erkennen und unterscheiden. Licht macht die Welt bunt!

Farben können unterschiedlichen Stimmungen zugeordnet werden. Ein angenehmes Licht kann anregen, die Konzentration fördern, positiv stimmen. Licht ist eine der grundlegenden Voraussetzungen für unser Wohlfühlen und für entspanntes Arbeiten.

Das Auge ist hochsensibel in der Bewertung von Lichtsituationen. Tageslicht wird im Vergleich zum Kunstlicht in der Regel als schöner und angenehmer empfunden. Dies hat mehrere Gründe:

- Das von der Sonne kommende Licht überdeckt ein weites Spektrum von Frequenzen (Farben). Die Mischung dieser Farben ergibt das weiße Tageslicht. Kunstlichtquellen können dieses Farbspektrum der Sonne nicht perfekt wiedergeben. Das Auge spürt dies und reagiert entsprechend mit schnellerer Ermüdung.
- Tageslicht ist dynamisch, es variiert mit der Jahres- und Tageszeit, mit der Position der Sonne und mit der Bewölkung. Kunstlicht ist statisch.
- Die Menge an Kunstlicht in Räumen orientiert sich am minimalen Komfort. Ins Innere der Räume einfallendes Tageslicht erreicht oft erheblich größere Lichtmengen und wird als angenehmer empfunden.
- Tageslicht kommt von der allseitig strahlenden Halbkugel des Himmels und von der Sonne. Seine Verteilung führt zu einer Beleuchtung der Umgebung, die vom Auge als sehr angenehm empfunden wird.

Auf dem Wunschzettel für die eigene Traumwohnung ist der allererste Eintrag: hell und sonnig soll sie sein! Nichts ist so unangenehm wie ein düsterer Raum, in dem man arbeiten oder wohnen soll.

Ein weiterer Vorzug von Tageslicht ist sein Potenzial zur Energieeinsparung. Jeder Zugewinn an Tageslicht bedeutet nicht nur eine Steigerung des visuellen Komforts, sondern auch eine Einsparung an Strom für Kunstlicht. Das Einsparpotenzial ist gerade im Verwaltungsbau erheblich. Sofern hinsichtlich des Energiebedarfes für die Beheizung ein zeitgemäßer Standard erreicht ist, geht sogar der größte Teil des Energieverbrauchs in die Beleuchtung (Abb. 1).

Dieser Sachverhalt ist bisher kaum wahrgenommen worden. Darum bedeutet energiesparendes Bauen bei Bürogebäuden heute nicht mehr verbesserte Wärmedämmkonzepte, sondern intelligente Tageslichtplanung.

Wie wir sehen

Himmel und Sonne können eine sehr große Lichtmenge liefern (Hochsommer, Mittagszeit und Sonnenschein). Das Auge hat hiermit kein Problem, viel Licht wird als angenehm empfunden und wirkt belebend. Lediglich der direkte Blick in die Sonne blendet unerträglich.

Weil die Augen auch in der Dämmerung noch funktionieren, genügt uns andererseits schon ein geringer Teil dieser Lichtmenge, um vollkommen befriedigend sehen zu können.

Das Auge

Das Auge ist ein Sensor, der auf diese kleinsten Lichtmengen ausgelegt ist. Wird die Menge größer, regelt die Pupille den Lichteintrag in das Auge, um den Sensor nicht zu überlasten (blenden).

Von dem gesamten, von der Sonne angebotenen Spektrum an Frequenzen nimmt

1 Anteile am Jahres-Primärenergiebedarf eines typischen Bürogebäudes (Dämmstandard Niedrigenergiehaus, keine aktive Kühlung, kein Warmwasserbedarf)
2 Kathedrale von Chartres, Fensterrose der Nordquerhausfassade, um 1240

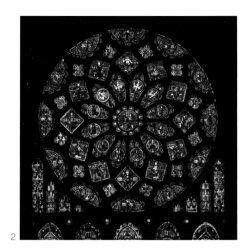

2

das Auge nur einen schmalen Ausschnitt als sichtbares Licht wahr. Was auf den ersten Blick unvollkommen erscheint, ist eine geniale Lösung der Natur, denn die Sonne bietet nahezu die Hälfte der ausgestrahlten Intensität in einem recht schmalen Frequenzbereich an. Genau hier empfängt das Auge.

Dieser Sachverhalt wird benutzt, um Sonnenschutzgläser herzustellen, die zwar möglichst viel sichtbares Licht passieren lassen, aber im IR-Bereich den Durchgang »sperren«. Im Sommer gelangt damit faktisch nur die halbe Wärmeenergie durch die Verglasung ins Innere der Gebäude (siehe Seite 30).

Die Wahrnehmung des Auges ist räumlich. Die in verschiedenen Blickrichtungen gesehenen Objekte werden wahrgenommen, weil sie Licht zum Auge senden. Entweder sind diese Objekte selbst Lichtquellen, oder sie reflektieren Licht von einer anderen Lichtquelle. Aus jedem einzelnen Blickwinkel im Sehbereich kann sowohl die Farbe als auch die Helligkeit des betrachteten Objektes erkannt und von der Information des benachbarten Blickwinkels unterschieden werden.

Das Sehen und Erkennen von Objekten geschieht also durch Unterschiede in der Helligkeit (Leuchtdichte L) und Farbe.

In diesem Zusammenhang ist ein interessantes Phänomen zu beobachten. Gleichmäßig strahlende, kugelförmige Lichtquellen wie die Sonne haben zwei besondere Eigenschaften:

- Durch den Effekt der Winkelprojektion erscheint die leuchtende Kugel als gleichmäßig helle kreisförmige Scheibe.
- Mit wachsendem Abstand wird die Lichtquelle nicht dunkler, sondern kleiner. Ein Fixstern am Nachthimmel hat also dieselbe Helligkeit wie die Sonne.

Blendung

Wie schon beschrieben verarbeitet das Auge ohne Probleme sowohl kleine als auch sehr große angebotene Lichtmengen. Aber damit ist noch nicht gesagt, dass der Mensch auch seine gewünschte Sehaufgabe komfortabel erfüllen kann. Ein Beispiel erklärt das Prinzip: Es ist Nacht, die Pupille hat sich auf ein helles Objekt im Blickfeld, eine Straßenlaterne (die Blendquelle) eingestellt (adaptiert). Der Sehbereich mit der eigentlichen Sehaufgabe, ein Straßenschild neben der Laterne, erscheint dann so dunkel, dass die Buchstaben nicht erkennbar sind. Eine Blendung ist eine Störung der Sehaufgabe, verursacht durch ein helles Objekt im Gesichtsfeld. Für das Ohr wäre die vergleichbare Situation ein störendes, lautes Geräusch (Verkehr), das das zur Höraufgabe gehörende Geräusch (Sprache) beeinträchtigt. Blendung ist eine Art von visuellem Lärm, Lärm ist akustische Blendung.

Bei der *physiologischen Blendung* wird die Sehaufgabe nachweisbar beeinträchtigt. Sieht man gegen ein helles Fenster (blauer Himmel genügt!), kann man die Information an der Wand daneben (Tafel, Bild) kaum erkennen. Steht vor dem Fenster eine Person, sieht man nur die dunkle Silhouette, aber nicht das Gesicht. Die Reflexe der Deckenleuchten auf dem Bildschirm machen ein Lesen des Inhaltes schwer oder sogar unmöglich. Aber auch wenn die gewünschte Information erkannt wird, können zu starke (oder auch zu geringe) Kontraste als unangenehm, ablenkend, störend empfunden werden. Diese *psychologische Blendung* wird bei geringer Beeinträchtigung nicht mehr bewusst empfunden, sondern ist nur indirekt über eine verringerte Leistungsfähigkeit nachweisbar. Wesentlich für die Sehaufgabe ist die Feinabstimmung zwischen dem eigentlich zu bewertenden

Die verschiedenen Bereiche des Sonnenspektrums:

Strahlungsart	Prozent der Intensität
ultraviolette Strahlung (UV, nicht sichtbar)	6 %
sichtbares Licht	48 %
infrarote Strahlung (IR, nicht sichtbar)	46 %

Leuchtdichte L

Ein Objekt wird vom Auge dadurch wahrgenommen, dass es Licht in das Auge sendet. Die Leuchtdichte L [lm/m²sr] ist die Menge an Licht, die von einem Punkt dieses Objektes in eine bestimmte Richtung (Raumwinkelbereich, in sr) abgegeben wird. Liegt das Auge in dieser Richtung, ist dies die Helligkeit, mit der das Objekt gesehen wird.
Eine andere geläufige Maßeinheit für die Leuchtdicke ist [cd/m²], wobei gilt [cd = lm/sr]

Objekt (Bildschirm, Papier) und seiner Umgebung (siehe S. 10).

Für eine gute Wahrnehmung sollte der Kontrast, also das Verhältnis der Leuchtdichten benachbarter Objekte etwa zwischen 3 und 10 liegen, im direkten Arbeitsbereich besser unter 3.

Ein Fenster spiegelt sich auf einem Bildschirm. Um eine Überblendung der Information zu verhindern, muss die Leuchtdichte des Reflexes deutlich unter der Eigenleuchtdichte des Bildschirms liegen: das Fenster benötigt einen Blendschutz, der die Leuchtdichte im Fensterbereich entsprechend reduziert. Hierfür ist in der Bildschirmarbeitsplatzrichtlinie gegenwärtig ein Grenzwert von $L_{max} = 400$ lm/m²sr vorgeschrieben. Dieser Wert wird von verfügbaren Verschattungssystemen nicht oder nur dann erreicht, wenn die Verschattung nahezu zur Verdunklung wird. In der Praxis zeigt sich, dass sich der vorgegebene Grenzwert auf Röhrenmonitore mit geringer Eigenleuchtdichte bezieht. Moderne Flachbildschirme haben eine größere Helligkeit und sind besser entspiegelt. Zudem ist es für den Nutzer offensichtlich komfortabler, den Blendschutz weiter zu öffnen, um Tageslicht und mehr visuellen Kontakt zur Außenwelt zu haben. Damit werden Leuchtdichten

oberhalb des Grenzwertes akzeptiert. Beide Sachverhalte sprechen dafür, den Grenzwert in der Normung anzupassen und ein Verschattungssystem anzubieten, das zwar ausreichend abdunkelt, aber vor allem dem Nutzer die individuelle Möglichkeit zur Regelung gibt.

Im Unterschied zur Leuchtdichte summiert die Beleuchtungsstärke die gesamte Lichtmenge, die auf eine Fläche trifft. Ist die räumliche Verteilung des Lichtes im Raum einigermaßen homogen, kann sie zur Definition der für eine Sehaufgabe mindestens erforderlichen Lichtmenge und für Festlegungen zur Gleichmäßigkeit der Lichtverteilung verwendet werden. Zu beachten ist jedoch, dass bei ungünstiger Lichtverteilung trotz erfüllter Anforderungen an die Beleuchtungsstärke Blendung entstehen kann.

Einige Zahlen zum Verständnis: Im Außenraum liegen in der Mittagszeit bei klarem Himmel und Sonnenschein Beleuchtungsstärken von 10 000 lx (Winter) bis maximal 100 000 lx oder knapp darüber (Sommer) vor. Ist dagegen der Himmel bedeckt, sind die Werte erheblich niedriger: 2000 lx im Winter bis 20 000 lx im Sommer. Die meisten Menschen fühlen sich bei

Beleuchtungsstärken ab 2000 lx wohl. Dies ist nicht verwunderlich, entspricht es doch der Lichtmenge, die man im Außenraum tagsüber auch bei den ungünstigsten Verhältnissen vorfindet.

Wie schon beschrieben, genügt dem Auge bereits ein kleiner Anteil dieses Lichtes, um im Inneren der Räume arbeiten zu können. Untersuchungen zeigen, dass erst bei Beleuchtungsstärken unter 75 lx das Kunstlicht eingeschaltet wird. Der Grund hierfür ist, dass dann das Farbsehen beeinträchtigt wird.

Beleuchtungsstärke E

Die Beleuchtungsstärke E [lm/m² = lx] gibt an, wie groß die aus allen Raumwinkeln auf eine Fläche auftreffende Lichtmenge insgesamt ist. Sie entspricht dem Quotienten aus der auf eine Fläche treffenden Lichtmenge und der beleuchteten Fläche.

Nennbeleuchtungsstärke

Beleuchtungsstärke auf der Nutzfläche (z.B. Schreibtisch), die von künstlicher Beleuchtung erreicht werden muss. Die Höhe der Nennbeleuchtungsstärke legt DIN 5035 (DIN EN 12464) in Abhängigkeit von der Nutzung fest.
Bei einer integralen Betrachtung von Kunst- und Tageslicht wäre das Kunstlicht zuzuschalten, wenn das Tageslicht alleine diese Nennbeleuchtungsstärke nicht mehr erbringt.

Tageslichtorientierter Arbeitsplatz

Nach der Formulierung der DIN 5035 (EN 12464) ein Arbeitsplatz in unmittelbarer Fensternähe.
Eine genauere Definition ist aus dem Leitfaden Elektrische Energie (LEE) ableitbar:
Ein tageslichtorientierter Arbeitsplatz hat eine Tageslichtautonomie von mindestens 70%. Das bedeutet, dass an wenigstens 70% der Nutzungsstunden ausreichend Tageslicht vorhanden ist und kein Kunstlicht zugeschaltet werden muss. Dies entspricht bei Büroräumen einem Tageslichtquotienten von etwa 3% (s. S. 23).

Uhrzeit	3:00 Uhr	6:00 Uhr	9:00 Uhr	12:00 Uhr	15:00 Uhr	18:00 Uhr	21:00 Uhr
Sonnenposition	NO	O	SO	S	SW	W	NW
				Sonnenhöhe			
Winter	–	–	0	15	0	–	–
Übergangszeit	–	0	25	40	25	0	–
Sommer	0	20	45	60	45	20	0

3   Tageslänge und Sonnenposition in Mitteleuropa (Werte gerundet; Maßeinheit: Grad)

3

Typische Fassaden aus Mittel- und Südeuropa:
Je mehr Tageslicht zur Verfügung steht, desto
geschlossener werden die Fassaden.
4   Wohnzeile, München,
    Architekten: meck architekten
5   Wohnblock, Madrid,
    Architekten: Matos-Castillo

4   5

Die Empfehlungen und Vorschriften aus der Normung setzen bei höheren Werten an. So gibt die Nennbeleuchtungsstärke die vorgeschriebene Beleuchtungsstärke für Kunstlicht nach DIN 5035 in Abhängigkeit von der Sehaufgabe an. Für Büroarbeitsplätze beispielsweise liegt die Nennbeleuchtungsstärke bei 500 lx bzw. bei 300 lx für »tageslichtorientierte Arbeitsplätze« (vgl. S. 22ff).
Bei Arbeiten mit einer anspruchsvolleren Sehaufgabe, etwa bei Chirurgen oder Goldschmieden, liegt der Wert entsprechend höher.
Diese Werte aus der DIN 5035 (EN 12464) bedeuten nicht, dass bei Beleuchtungsstärken unterhalb 500 lx das Kunstlicht zugeschaltet werden muss, sondern fixieren viel mehr das durch Kunstlicht alleine zu erreichende Niveau, also die Größe der Kunstlichtanlage.

Das Tageslichtangebot in Mitteleuropa
Die solare Einstrahlung kommt auf zwei Wegen zur Erdoberfläche:
- Als direkte Strahlung von der Sonne. Direkte Strahlung ist sehr energiereich und lässt sich sehr gut umlenken und konzentrieren (ideal für jede Art von aktiver Solarenergienutzung). Zur Entlastung der Heizung im Winter soll die Sonne ausdrücklich in das Gebäude einfallen (passive Solarenergienutzung). Ein Übermaß an solarem Durchgang führt im Sommer jedoch zur Überhitzung des Gebäudes und erfordert Maßnahmen zum sommerlichen Wärmeschutz.
- Als diffuse Einstrahlung vom Himmel. Bei bedecktem, teilweise bewölktem oder blauen Himmel tritt diffuse Strahlung auf. Sie wird für die üblichen Sehaufgaben als sehr angenehm empfunden und ist ideal für die Versorgung von Räumen mit Tageslicht geeignet.

In Mitteleuropa ist die Sonne an 55 % der Tagesstunden durch Wolken verdeckt.

Dies bedeutet, dass Systeme zur Tageslichtlenkung, die mit dem direkten Licht von der Sonne arbeiten, bei uns an eben 55 % der Tagesstunden gar nicht arbeiten können – gerade dann ist aber wegen des trüben Himmels der Bedarf nach Tageslicht in den Räumen am größten. Die Tageslänge und die Position der Sonne sind in Mitteleuropa wegen der großen Entfernung zum Äquator sehr unterschiedlich. Für erste, grobe Abschätzungen genügen die auf glatte Zahlen gerundeten Wert der Tabelle (Abb. 3).

Eine genauere Analyse der mitteleuropäischen Klimadaten zeigt für den Sommer, dass wegen der tief stehenden Sonne Fassaden mit West- oder Ostorientierung mehr solare Einstrahlung und damit mehr Wärme erhalten als eine südorientierte. Während zusätzlich die hochstehende Sonne auf der Südseite wesentlich leichter ausgeblendet werden kann (beispielsweise mit den Lamellen einer Jalousie), ist das bei einer west- oder ostorientierten Fassade mit der annähernd horizontal liegenden Sonne nur schwer möglich (Lamellen der Jalousie vollständig geschlossen; damit wird der Überhitzungsschutz zur Verdunklung und zur Lüftungsbremse).
Deshalb gilt vor allem im Verwaltungsbau: Süd- und nordorientierte Büros sind besser als ost- und westorientierte.

Tageslichtöffnungen in Gebäuden
Zur Vermeidung von Blendungen sollten unsere Arbeitsplätze (vor allem an Bildschirmen) nicht der direkten Sonne ausgesetzt sein. Hieraus ergeben sich drei Forderungen:
- Jedes Fenster braucht einen Blendschutz.
- Der Himmel liefert an allen Tagesstunden ein sanftes, blendfreies, diffuses Licht. Es kommt sogar von allen

Seiten – nur so bekommt der Künstler Licht in sein Atelier auf der Nordseite! Die Auslegung der Tageslichtöffnungen folgt also dem Lichtangebot des Himmels und nicht dem der Sonne!
- Die Helligkeit des Himmels ist in Mitteleuropa sehr unterschiedlich. Daher wird die Größe der Tageslichtöffnungen für den dunkleren, bedeckten Himmel ausgelegt.

In welchem Maße Tageslichtöffnungen den jeweiligen Innenraum mit Licht versorgen können, hängt von der Größe, Lage und Beschaffenheit der Öffnung ab und vom Einfluss zusätzlich abschattender Objekte durch Nachbarbebauung oder Vegetation.
Das absolute Minimalziel ist das Verhindern eines zu düsteren Raumeindrucks. Das bedeutet, dass man einige Stunden am Tag ausreichend Tageslicht im Raum hat. Hierfür gibt es sehr einfache Planungsregeln (30°/45°-Regeln), die im folgenden Abschnitt beschrieben werden. Diese Regeln sollten, auch wenn sie nicht vorgeschrieben sind, im Wohnungsbau unbedingt beachtet werden.
Das anzustrebende Ziel im Verwaltungsbau sind tageslichtorientierte Arbeitsplätze. Um den Strombedarf so niedrig zu halten, wie es die Tageslichtversorgung von außen nur irgendwie zulässt, braucht es im Vergleich zum Minimalkriterium »nicht mehr düster wirkender Raum« etwa die dreifache Lichtmenge.

Die Grund-Faust-Regel für die Auslegung von Tageslichtöffnungen folgt dem Phänomen, dass Licht sich geradlinig ausbreitet. Deshalb ist ein Arbeitsplatz im Gebäude dann gut mit Tageslicht versorgt, wenn man von diesem Platz aus durch das Fenster wesentliche Teile der Lichtquelle Himmel sehen kann. Dies ist der Fall, wenn der Weg des Lichtstrahls vom Himmel zur Nutzfläche nicht durch Nachbargebäude,

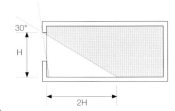

6

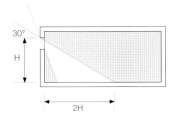

7

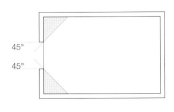

8

Teile des eigenen Gebäudes, Überhänge, undurchsichtige Fassadenteile oder Verbauungen im Inneren verstellt ist.
Ist ein Raum einseitig von vorne belichtet, so sieht man ganz vorn am Fenster den Himmel – es ist hell am Arbeitsplatz. Geht man aber langsam in die Raumtiefe, dann wird der sichtbare Streifen des Himmels immer kleiner, bis schließlich der Blick durch das Fenster nur noch durch den Blick auf den Horizont (und die darauf stehenden Gebäude, Bäume etc.) bestimmt wird. Hier wird der Raum zu düster.

Für die Festlegung der Raumtiefe gilt: ein Raumbereich ist ausreichend hell, wenn von diesem Bereich aus die Oberkante des Fensters in einem Höhenwinkel von mindestens 30° zu sehen ist.
Das bedeutet, dass Tageslicht in ausreichender Menge bis in eine Raumtiefe eindringt, die gleich dem Zweifachen der Höhe der Fensteroberkante im Raum ist (Abb. 6). Bei üblichen Raumhöhen von 2,70 m sind das 5,40 m. Mit Abstell- und Verkehrsflächen ergibt das eine maximale Raumtiefe von 6 bis 6,50 m.
Dieser 30°-Winkel hat nichts mit dem Sonnenstand zu tun, sondern ergibt sich aus der Lichtversorgung des Himmels.
Die 30°-Regel gilt deshalb für alle Himmelsrichtungen und Jahreszeiten. Bei hochliegenden Lichtöffnungen entsteht im Brüstungsbereich durch die Abschattung der Wand, in der das Fenster sitzt, ein schmaler dunkler Bereich (Abb. 7).

Für die seitliche Lichtausbreitung hinter einem Fenster gilt die 45°-Regel:
Ein vertikales Fenster liefert ausreichend seitliches Licht in die Bereiche des Raumes, die in einem Winkel von 45° links und rechts des Fensters liegen (Abb. 8). Mit der Projektion der 30°-Regel und der 45°-Regel auf einen Grundriss können nun sehr einfach die ausreichend belichteten Bereiche der Nutzfläche markiert

werden. Empfehlenswert ist es, die Möblierung zu ergänzen. Man erkennt auf einen Blick, ob sich der untersuchte Raum sinnvoll möblieren lässt (Abb. 10). Lassen sich die Hauptnutzungen in den belichteten Bereichen anordnen? Lässt sich eine Nutzung für die nicht ausreichend hellen Bereiche finden (Schränke, Regale, Fernseher, Verkehrsfläche ...)?

Die Hauptursache für düstere Räume liegt in der Verschattung durch Vegetation oder Nachbarbebauung. Besonders fatal ist die Abschattung durch gegenüberliegende Objekte, weil sie die Direktverbindung zwischen Himmel und Nutzfläche insbesondere in der Raumtiefe unterbrechen: Ist der Nachbar so weit weg (oder so klein), dass der 30°-Winkel nicht abgeschattet wird, ist der Weg zwischen Himmel und Raumtiefe wieder frei. Die verbleibende Abschattung im Raum kann in erster Näherung vernachlässigt werden, d.h. hier gilt dann einfach die 30°-Regel (Abb. 10–13).

Auch für Lichtschächte und andere horizontale Lichtöffnungen kann die Effizienz im Schnitt mit dem Lineal geprüft werden. Für Oberlichter gilt entsprechend der 30°-Regel Folgendes: Ein Oberlicht belichtet alle Raumzonen ausreichend, die im Radius eines Öffnungswinkels von 30° unterhalb des Fensters liegen. Daraus ergibt sich ein Bereich unter der Öffnung, der so breit ist wie die Raumhöhe plus Oberlichtbreite. Das ist nicht viel mehr als die Fläche unmittelbar unter der Öffnung, diese Fläche wird allerdings sehr gut von der Lichtquelle Himmel erreicht – es wird sehr hell! Soll also ein bestimmter Bereich innerhalb eines Raumes besonders betont werden (z.B. Empfang), kann das mit einem einzelnen Oberlicht erreicht werden (Abb. 14). Um eine gleichmäßige Ausleuchtung der gesamten Nutzfläche zu erreichen, darf der Abstand der Ober-

lichter entsprechend der 30°-Regel nicht größer als die Raumhöhe sein.

Die einfachen 30°/45°-Regeln sind jedoch nur begrenzt anwendbar. Da sie auf einer Konstruktion im zweidimensionalen Schnitt basieren, können die resultierenden Lichtverteilungen nur dann korrekt sein, wenn der Hauptanteil des Lichtes tatsächlich in dieser »konstruierten« Richtung das Fenster passiert. Dies ist der Fall, wenn die Fenster mindestens die üblichen Größen haben (mindestens 30 % Fensterflächenanteil[1], Größe eines einzelnen Fensters über 1 m^2), der betrachtete Raum keine äußeren Verbauungen hat oder die äußeren Verbauungen wesentlich breiter sind als die Abmessungen des Raumes (z.B. gegenüberliegende Gebäudezeile).
Ein Beispiel, für das die 30°/45°-Regeln nicht mehr anwendbar sind, wäre ein Raum mit einem einzelnen Baum davor, der das Fenster nur teilweise abdeckt (z.B. das Schlafzimmer in Abb. 10).

[1] Fensterflächenanteil = Anteil der Fensterfläche an der Fassadenfläche

9

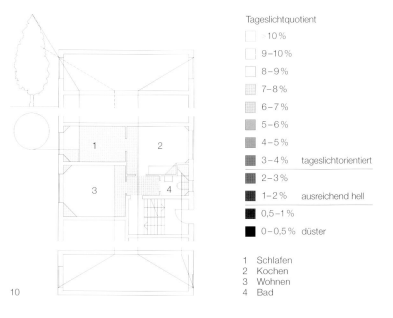

10

Tageslichtquotient

>10 %	
9–10 %	
8–9 %	
7–8 %	
6–7 %	
5–6 %	
4–5 %	
3–4 %	tageslichtorientiert
2–3 %	
1–2 %	ausreichend hell
0,5–1 %	
0–0,5 %	düster

1 Schlafen
2 Kochen
3 Wohnen
4 Bad

11

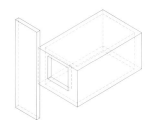

12

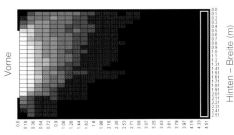

6 30°-Regel für einen Raum mit Seitenlicht
7 30°-Regel für einen Raum mit einer hochliegen-
den seitlichen Lichtöffnung
8 45°-Regel im Grundriss für Seitenlicht
9 2. Obergeschoss, Norddeutsche
Landesbank, Hannover, Architekten: Behnisch &
Partner, Belichtung, Arbeitsplatz in der 2. Reihe
10 Projektion der 30°- und der 45°-Regel auf einen
Grundriss.
In Verbindung mit der Möblierung kann die
Qualität des Raumes hinsichtlich der Tageslichtversorgung abgelesen werden.
Studienarbeit, HAW Hamburg,
Jasmin Sharif-Neistani, 3. Semester
Die Wohnung wird von beiden Seiten ausreichend
mit Licht versorgt. Ein Wohnraum wird von einem
ca. 6 m hohen Nadelbaum verschattet. Dieser
bietet im Vergleich zu den anderen Räumen eine
geringere Aufenthaltsqualität und wird zudem
aufgrund seiner Größe zum Schlafen genutzt.
Fensterbrüstung: 0,85 m (Bad: 1,40 m)
Fensterhöhe: 1,50 m (Bad: 0,95 m)
11 Simulation des Wohnraumes, an dem die
30°-Regel erklärt wurde (Abb. 10, 3 Wohnzimmer).
12 Beispiel für eine Lichtsituation, bei der das
Fenster durch ein Objekt verstellt ist (Baum vor
Schlafzimmerfenster in Abb. 10). Der wesentliche
Teil der verbleibenden Lichtzufuhr erfolgt seitlich
»hinter dem Baum«. Dadurch erhält dieser Bereich hinter dem Baum sogar das meiste Licht!
Für eine solche Situation ist die 30°-Regel nicht
mehr anwendbar sondern eine computergestütz-
te Simulation der Lichtsituation erforderlich
(Näheres zu den Computersimulationen siehe
Seite 25).

13 Abschattung durch gegenüberliegendes Gebäude
14 30°-Regel für Oberlichter
15 Ermittlung der ausreichend belichteten Bereiche in Räumen, die gegen ein Atrium grenzen. Die 30°-Regel ist in den unteren Geschossen meist nicht mehr anwendbar (s. S. 28)

Tageslichtqualität in Räumen

Der Tageslichtquotient D ist eine Größe, die sehr gut geeignet ist, die Qualität der Tageslichtversorgung an einem bestimmten Arbeitsplatz darzustellen. Er beschreibt das Verhältnis der Beleuchtungsstärke auf einer im Raum gelegenen Arbeitsfläche in bezug zur Beleuchtungsstärke außen für den bedeckten Himmel.

Dieser Tageslichtquotient D hängt ausschließlich ab von den geometrischen Verhältnissen (Raumabmessungen, Lage und Größe der Fenster, abschattende Verbauungen) und der Lichttransmission der Verglasung, aber eben nicht von der momentanen Beleuchtungsstärke außen. Er ist für jeden Arbeitsplatz eine Konstante, variiert aber als 2D-Feld natürlich im Raum selbst.
Ein Beispiel zum Verständnis: Wenn die Beleuchtungsstärke außen 50000 lx ist und der Tageslichtquotient D am Arbeitsplatz 1,5 % beträgt, dann ist die Beleuchtungsstärke dort

$$E = \frac{50\,000 \text{ lx} \times 1{,}5\,\%}{100\,\%} = 750 \text{ lx}$$

Es ist also hell genug. Gibt es dagegen einen anderen Arbeitsplatz mit D = 0,4 %, beträgt die Beleuchtungsstärke dagegen nur 200 lx, Kunstlicht müsste zugeschaltet werden.

Bezüglich der Beleuchtungsstärke zeigt die Klimastatistik für den Standort Mitteleuropa diese Häufigkeiten:
Bei bedecktem Himmel wird außen eine Beleuchtungsstärke von

· 2500 lx überschritten an 90 % der Tagesstunden im Jahr (also fast immer)
· 5000 lx überschritten an 75 % der Tagesstunden im Jahr
· 10000 lx überschritten an 50 % der Tagesstunden im Jahr.

13

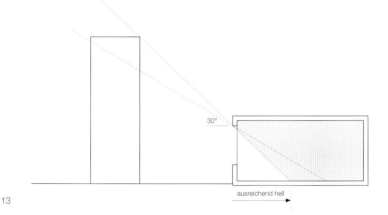

14

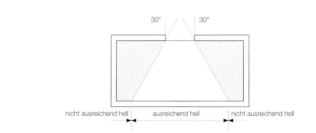

15

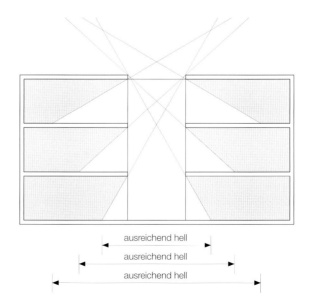

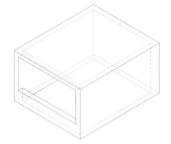

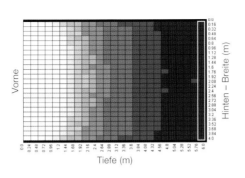

Vorne

Hinten – Breite (m)

Tiefe (m)

16

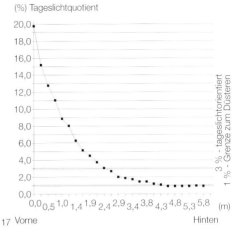

(%) Tageslichtquotient

3 % - tageslichtorientiert
1 % - Grenze zum Düsteren

17 Vorne   Hinten

$$D = \frac{\text{Beleuchtungsstärke [lx] auf einer im Raum gelegenen Arbeitsfläche (meistens horizontal auf einer Höhe von 0,85 m)}}{\text{Beleuchtungsstärke [lx] auf einer horizontalen Fläche außen unter freiem, aber bedecktem Himmel}} \times 100\%$$

D = Tageslichtquotient

Tageslichtautonomie

Der prozentuale Anteil an jährlichen Nutzungsstunden, an denen ausreichend Tageslicht vorhanden ist, also kein Kunstlicht zugeschaltet werden muss.

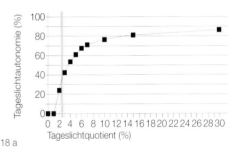

18 a

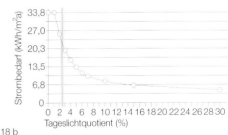

18 b

Um auf einem Arbeitsplatz 300 lx (Mindestgrenze für tageslichtorientierte Arbeitsplätze nach DIN 5035/EN 12464) bzw. wenigstens 75 lx (subjektive Einschaltgrenze für Kunstlicht) zu erreichen, ist je nach Beleuchtungsstärke E_e außen folgender Tageslichtquotient D erforderlich:

außen E_e	innen $E_i = 75$ lx	innen $E_i = 300$ lx
2500 lx	D = 3,0 %	D = 12 %
5000 lx	D = 1,5 %	D = 6 %
10 000 lx	D = 0,75 %	D = 3 %

Man erkennt, dass der auch in der DIN 5034 genannte Tageslichtquotient D von 1 % eine Grenze für das absolute Minimum ist. Während des überwiegenden Teils der Nutzungsstunden wird zumindest die Einschaltgrenze von 75 lx erreicht, der Raum wirkt nicht zu düster. Dieser Wert von D = 1 % ist bei nicht zu tiefen Räumen und nicht zu starker Abschattung durch Nachbargebäude auf den wesentlichen Teilen der Hauptnutzflächen immer zu erreichen.
Die Auslegung deckt sich mit den bereits erläuterten 30°/45°-Regeln. Das Beispiel auf Seite 21 (Abb. 10, 11) zeigt im Vergleich zur exakten Simulation, dass diese so einfach anmutenden Regeln doch die D = 1 %-Grenze hinreichend genau treffen.
Bei einem Tageslichtquotienten D von 3 % werden an 90 % der Tagesstunden 75 lx erreicht, an 50 % der Tagesstunden sogar 300 lx. Ein solcher Arbeitsplatz (mit D ≥ 3 %) wird tageslichtorientiert genannt (s. S. 18).
Allerdings ist eine solch hohe Qualität der Belichtung nur noch im fensternahen Bereich der Hauptnutzflächen zu erzielen. Abbildung 16 zeigt, dass bei Büroräumen (frei stehendes Gebäude) in etwa bis zu einer Raumtiefe von einmal der lichten Raumhöhe D = 3 % erreicht wird. Bei üblichen Raumhöhen also knapp 3 m Raumtiefe.

Ein noch höherer Tageslichtquotient ist theoretisch durch größere Fenster und höhere Räume zu erreichen, jedoch wenig praktikabel. Außerdem würde dies den Strombedarf für Kunstlicht nicht wesentlich reduzieren, sondern viel mehr die Probleme beim sommerlichen Wärmeschutz vergrößern.
Es ist zu beachten, dass der Strombedarf zunächst mit anwachsendem Tageslichtquotienten absinkt. Dann wird ein Niveau der Lichtversorgung erreicht, bei dem beim überwiegenden Teil der Nutzungsstunden die Einschaltgrenze für das Kunstlicht (also z. B. 300 lx) überschritten wird. Eine darüber hinaus gehende Erhöhung des Tageslichtquotienten kann keinen weiteren Strom einsparen. Ein verbleibender Rest an Strombedarf resultiert aus Nutzungszeiten, die in der Nacht liegen.
Das direkt vom Himmel kommende Tageslicht bestimmt primär die Lichtverteilung und die Lichtmenge im Raum. Zusätzlich führt die Reflexion des Lichtes an den (hellen) Umgebungsflächen des Raumes zu einer Erhöhung der Lichtmenge um etwa 10–20 % in der mittleren Raumtiefe (d.h. das durch diese Reflexionen ein Tageslichtquotient von 1% auf 1,1–1,2 % anwächst). Fehlt die primäre Lichtversorgung vom Himmel, bekommt man allerdings durch Reflexionen alleine kaum Licht in die Räume. Es ist also kaum möglich, tief im Gebäude liegende Räume z.B. über einen weiß gehaltenen Lichtschacht oder über ein Atrium spürbar aufzuhellen.
Andererseits ist das an den Umfassungsflächen reflektierte Licht die einzige Quelle für Tageslicht in größeren Raumtiefen, die Aufhellung der Decke usw. Es sorgt für eine angenehme gleichmäßige Belichtung des Raumes und mindert zu starke Hell-Dunkel-Kontraste.

16 Simulation eines typischen Büroraumes (4 x 6 x 2,7 m, Fensterband 1,85 m hoch über Brüstung 0,85 m)
17 Zusammenhang zwischen Tageslichtquotienten und Raumtiefe
18 a, b Zusammenhang von Tageslichtquotient, Strombedarf für Kunstlicht und Tageslichtautonomie. Die graue Linie gibt exemplarisch den erreichten Tageslichtquotienten für Kunstlichtschaltung im Büroraum aus Abb. 16 an.

19 a

b

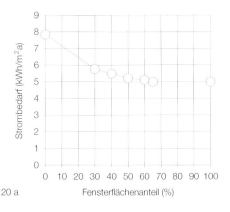

20 a

19 Vergleich der Nutzungsprofile für einen Wohn-
    raum (a) und für ein Büro (b)
20 a, b Wohnraum: Tageslichtautonomie und
    Strombedarf in Abhängigkeit vom Fensterflä-
    chenanteil
21 a, b Büroraum: Tageslichtautonomie und Strom-
    bedarf in Abhängigkeit vom Fensterflächenanteil

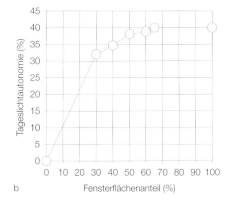

b

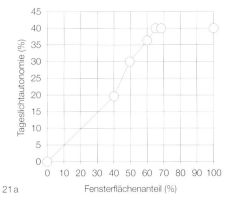

21 a

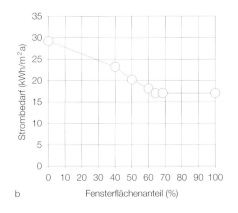

b

Die zu erreichende Qualität der Tageslichtversorgung an Arbeitsplätzen im Verwaltungsbau kann auch durch die Tageslichtautonomie beschrieben werden
(Abb. 18 a).
Bei tageslichtorientierten Arbeitsplätzen
($D \geq 3\%$) werden Werte über 70 %
erreicht. Da es aber nicht möglich ist,
diese hohe Qualität für jede Hauptnutzfläche zu realisieren, sollte der Mittelwert
der Tageslichtautonomie über allen
Arbeitsplätzen wenigstens 30 % betragen.
Weitere Empfehlungen zur Tageslichtversorgung finden sich in der DIN 5034 –
Tageslicht in Innenräumen; sie sind
jedoch aus heutiger Sicht unzureichend,
da sie darauf abzielen, ein Mindestmaß
an Tageslicht im Wohnungsbau zu garantieren. Für Arbeitsplätze fehlen weiterführende Kriterien wie Strombedarf für
Kunstlicht, Tageslichtautonomie und
Tageslichtorientierung.

DIN 5034 – Tageslicht in Innenräumen
Empfehlungen für Tageslichtquotient und
Gleichmäßigkeit der Raumausleuchtung:

· Räume mit Seitenlicht:
  Der Tageslichtquotient D wird bestimmt
  an Bezugspunkten, die in halber Raumtiefe und in 1 m Abstand von der Seiten-
  wand und in 85 cm Höhe liegen.
· nur ein senkrechtes Fenster:
  $D \geq 0,75\%$
  (am ungünstigeren Bezugspunkt)
  $D \geq 0,9\%$
  (Mittelwert beider Bezugspunkte)
· Fenster in zwei angrenzenden Wänden:
  $D \geq 1,0\%$
  (am ungünstigeren Bezugspunkt)
· Räume mit Oberlicht:
  $D_{mittel} \geq 4\%$
  (für angenehme Ausleuchtung, 2 %
  werden als zu dunkel empfunden)
  $D_{mittel} \leq 10\%$
  (zur Vermeidung zu großer thermischer
  Lasten)

Empfehlung für die Gleichmäßigkeit der
Raumausleuchtung:
· $D_{min}/D_{max} \geq 0,67$
· $D_{min}/D_{mittel} \geq 0,5$

**Größe und Anordnung von Seitenlicht-
öffnungen**
In den folgenden Abschnitten wird untersucht, wie viele Fenster ein Raum optima-
lerweise benötigt und wie diese angeordnet sein sollten. Diese Frage lässt sich
nicht pauschal beantworten, sie hängt
entscheidend mit der Art der Nutzung
des Raumes zusammen. Bei einem Büroraum beispielsweise liegen die Nutzungsstunden in der Tageszeit (Abb. 19 b), und
die Nennbeleuchtungsstärke ist mit 500 lx
relativ hoch. Daher wirkt sich eine Änderung des Tageslichteintrages sehr stark
auf die resultierende Tageslichtautonomie
und den Strombedarf aus.
Liegen dagegen die Nutzungsstunden
auch in der (dunklen) Abendzeit und ist
das Niveau an Nennbeleuchtungsstärke
niedriger, wie beispielsweise bei einem
Wohnraum (Abb. 19 a) mit angenomme-
ner Nennbeleuchtungsstärke von 100 lx,
wirkt sich eine Änderung des Tageslichteintrages weniger stark auf die resultierende Tageslichtautonomie und den
Strombedarf aus.
Als Grenzkriterium für beide Nutzungen
kann eine Tageslichtautonomie auf der
gesamten Hauptnutzfläche von mindestens 30 % angenommen werden.

Für den Standardfall eines Wohnraumes
mit Fenstern in einer Außenwand zeigen
die nebenstehenden Diagramme (Abb.
20 a, b) die in Abhängigkeit vom Fensterflächenanteil erreichte Tageslichtautonomie und den Strombedarf für Kunstlicht
(bei jeweils optimaler Anordnung der
Fenster).
Die Auswertung führt zu den nachfolgenden Empfehlungen bezüglich der Fens-
terflächenanteile für Wohnräume:

22 Informations-, Kommunikations- und Medien-
zentrum, Cottbus,
Architekten: Herzog & de Meuron
Tageslichteintrag durch Seitenlicht

23

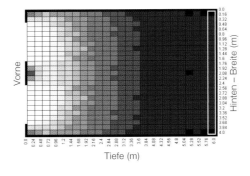

24

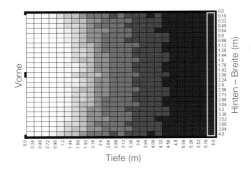

Tageslichtquotient

- ☐ >10 %
- ☐ 9–10 %
- ☐ 8–9 %
- ▦ 7–8 %
- ▨ 6–7 %
- ▨ 5–6 %
- ▨ 4–5 %
- ▨ 3–4 % tageslichtorientiert
- ▨ 2–3 %
- ▨ 1–2 % ausreichend hell
- ▨ 0,5–1 %
- ▨ 0–0,5 % düster

Alle hier dargestellten Lichtsituationen wurden mit einem EDV-Programm simuliert. Der betrachtete Raum
hat die Abmessungen 4 x 6 x 2,7 m, die Nennbeleuchtungsstärke für den Büroraum beträgt 500 lx, für
den Wohnraum wurde sie mit 100 lx angenommen
(da die DIN 5035 hier keine Angaben enthält).
Direkt dem Programm entnommen sind Ergebnisdar-
stellungen des Tageslichtquotienten D auf der Nutzfläche. Er wird in Graustufen dargestellt, wobei die
Abstufungen nicht linear mit D gehen, sondern viel
mehr dem visuellen Eindruck des Auges folgen.

23 Wohnraum mit einem Fensterflächenanteil von
etwa 40 % und die resultierende Lichtsituation.
Bewertung: Ausreichend hell, nahezu optimale
Autonomie und Stromeinsparung.
24 Büroraum mit einem Fensterflächenanteil von
60 % und die resultierende Lichtsituation.

- 30 %: Bereits hier wird die gewünschte
Tageslichtautonomie von 30 % erreicht.
Die Minimalforderung!
- 40 %: Der Sättigungsbereich ist nahezu
erreicht, ausreichend helle Räume.
- 50 %: Die maximale Ausbeute an Autonomie und Stromeinsparung ist
erreicht. Der Optimalwert!
- Über 50 %: Eine weitere Erhöhung des
Fensterflächenanteils bringt keine Verbesserung mehr hinsichtlich dieser beiden Kriterien. Da sie aber bis etwa
65 % auch keine Nachteile bringt (ab
dann Probleme beim sommerlichen
Wärmeschutz!), kann hier die Fensterfläche nach den Kriterien des Ausblicks
und der passiven Solarenergienutzung
weiter optimiert werden.

Unter Tageslichtgesichtspunkten nimmt
ein Balkon nach der 30°-Regel der darunter liegenden Wohnung exakt so viel
(ganzjährig nutzbare) Fläche im Innenraum, wie er darüber an (temporär nutz-
barer) Fläche bekommt. Daher sollten
Balkone im Geschosswohnungsbau nicht
größer als nötig sein (nutzungsbedingt 4
bis 5 m²) und möglichst über geschlossenen Flächen der darunter liegenden Wohnung angeordnet werden.

Für den Standardfall eines Büroraumes
mit Fenstern in einer Außenwand zeigen
die beiden nebenstehenden Diagramme
(Abb. 21a, b) die in Abhängigkeit vom
Fensterflächenanteil erreichte Tageslichtautonomie und den Strombedarf für
Kunstlicht (bei jeweils optimaler Anordnung der Fenster).
Die Auswertung führt zu den nachfolgenden Empfehlungen bezüglich der Fens-
terflächenanteile von Büroräumen:

- 50 %: Erst hier wird die gewünschte
Autonomie von 30 % erreicht. Die Minimalforderung!
- 60 %: Der Sättigungsbereich ist nahezu

25 a

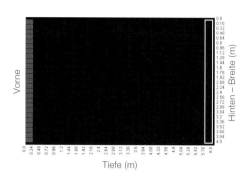

b

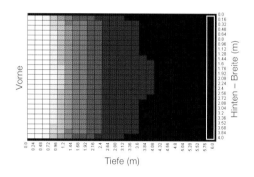

c

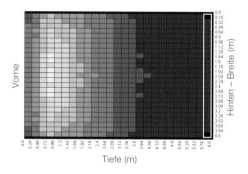

d

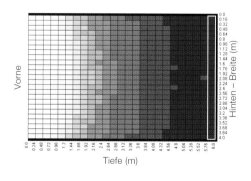

erreicht, ausreichend helle Räume.
- 65 %: Die maximale Ausbeute an Autonomie und Stromeinsparung ist erreicht. Der Optimalwert!
- Über 65 %: Eine weitere Erhöhung des Fensterflächenanteils bringt keine Verbesserung mehr hinsichtlich dieser beiden Kriterien.

Die Grenze, ab der bei Büros (je nach Technisierungsgrad, Belegungsdichte, Art der Verglasung und des Überhitzungsschutzes) die Probleme des sommerlichen Wärmeschutzes nicht mehr mit passiven Maßnahmen zufrieden stellend zu lösen sind, liegt bei etwa 65 % Fensterflächenanteil.
Für Arbeitsräume gibt es je nach Größe noch eine weitere, in der Arbeitsstättenrichtlinie stehende verbindliche Anforderung. Sie gibt die mindestens erforderliche Gesamtfläche der Verglasungen aller Fenster des Raumes an:

- Bei einer Raumhöhe bis 3,50 m und einer Nutzfläche bis zu 50 m² muss sie größer als 30 % der Fassadenfläche sein.
- Bei größeren Räumen muss sie größer als 10 % der Nutzfläche sein.

Bei einem festgelegten Fensterflächenanteil ist die Lichtverteilung im Raum und somit die Tageslichtautonomie je nach Lage der Öffnungen sehr unterschiedlich (siehe hierzu Abb. 25 a–d). So führen beispielsweise hohe und schmale Fenster mit undurchsichtigen Bereichen dazwischen zu einer besseren Tageslichtausleuchtung als ein in mittlerer Höhe liegendes, durchgehendes Fensterband gleicher Größe.
Ein Fenster im Brüstungsbereich gibt kein Licht in die Tiefe des Raumes.
Ein Fenster gleicher Größe in mittlerer Höhe liefert einen hohen Betrag an Licht im vorderen Raumteil, führt aber nicht genug Licht in die Raumtiefe. Der Bereich nahe des Fensters ist oft zu hell (Blendung). Die beste Belichtung erhält man mit einem hochliegenden Fenster, möglichst ohne Sturz bis zur Decke durchgehend. Die Lichtverteilung ist ausgeglichen und die Tiefe des Raumes bekommt am meisten Licht. Die Standardlösung für Büroräume zeigt Abb. 25 d mit einem Fensterflächenanteil von 60 % in den oberen beiden Fassadendritteln. Die Raumtiefe wird ausreichend belichtet, in Fassadennähe kann wegen der großen Helligkeit Blendung auftreten.
Bei vorteilhafter Anordnung der Fenster kann bereits mit einem Fensterflächenan-

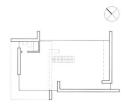

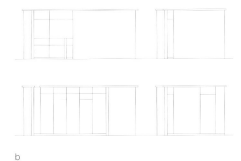

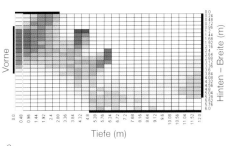

26 a   b   c

27

teil von nur 50 % (und entsprechend geringeren Problemen beim sommerlichen Wärmeschutz) die maximale Ausbeute an Autonomie und Stromeinsparung erreicht werden (Abb. 27). Das obere Drittel der Fassade wird dabei komplett mit Fenstern belegt (optimale Versorgung der Raumtiefe mit Tageslicht), das mittlere Drittel dagegen geringer (etwa zur Hälfte, Ausblick). Darüber hinaus lässt eine solche Anordnung eben auch 50 % der Fassade frei für andere Belegungen wie separate Lüftungsöffnungen oder aktive Solartechnik.

Ein wesentliches Komfortkriterium ist der Ausblick nach außen. Die Hauptblickrichtung des Auges entspricht ungefähr einem flach gedrückten Trichter. In diesem Bereich soll der Blick nach außen weitgehend auf eine die Durchsicht erlaubende Fensterfläche treffen. Die Projektion der Hauptblickrichtung einer sitzenden Person (an einem üblichen Arbeitsplatz in wenigen Metern Raumtiefe) auf die Fassade führt zu diesen Empfehlungen für die Größe der Ausblick-Fenster (DIN 5034):

- Unterkante der Verglasung ≤ 0,90 m hoch
- Oberkante der Verglasung ≥ 2,20 m hoch
  (daraus ergibt sich eine Mindesthöhe der Verglasung von 1,30 m, die gesamte Fensterhöhe dann 1,30 m zzgl. Rahmen oben und unten)
- Breite der Verglasung eines Fensters ≥ 1,00 m, bei Räumen mit mehr als 5 m Tiefe ≥ 1,15 m
- Breite der Verglasungen aller Fenster in der Fassade des Raumes ≥ 55 % der Breite des Raumes

Unabhängig von der Zielsetzung einer guten Raumausleuchtung mit Licht von einer Seite können zusätzliche, kleinere

Lichtöffnungen die (Licht-)Atmosphäre im Raum und die Möglichkeiten des Ausblicks ungemein verbessern (Abb. 26 a-c) Es ist jedoch darauf zu achten, dass zwei große Fenster in aneinander grenzenden oder gegenüber liegenden Wänden nicht zu unangenehmen Schattenbildungen oder Blendungen führen.

Große Räume wie beispielsweise Schulräume oder Sporthallen stellen besondere Anforderungen an die Belichtung: Die meist große Raumtiefe erfordert Lichtöffnungen entweder in zwei gegenüberliegenden Wänden oder in der Dachfläche, um eine ausreichende, gleichmäßige und möglichst blendfreie Ausleuchtung zu erzielen. Der Tageslichtquotient soll auf der gesamten Nutzfläche mindestens 3 % betragen und möglichst gleichmäßig verteilt sein.
Bis zu einem Verhältnis Raumtiefe zu Raumhöhe von 3 zu 1 kann dies günstig über eine Anordnung von Fenstern in gegenüberliegenden Wänden geschehen, wodurch die geschossweise Stapelung dieser Räume möglich ist. Empfohlen wird die Anordnung zweier unterschiedlicher Fenster. Ein großes Hauptfenster mit klarer Verglasung (bei Klassenräumen in der links von der Hauptblickrichtung liegenden Wand) und zusätzlich ein kleineres Fenster als (evtl. diffus streuender) Streifen im obersten Teil der gegenüberliegenden Wand, die auch an einen hellen Erschließungsgang grenzen kann. So entstehen störende Schatten nur nach einer Seite (guter visueller Komfort, allerdings nicht für Linkshänder!). Das zusätzliche Fenster vergrößert deutlich die mit Tageslicht ausgeleuchtete Fläche (Abb. 29).

Besteht die Möglichkeit, auch Licht über die Dachfläche in den Raum zu holen, kann die direkt darunter liegende Nutzfläche auch auf diese Weise ausreichend mit Tageslicht versorgt werden. Die Dachöff-

25 Beispiel für den Einfluss der Höhe eines Fensters auf die Tageslichtverteilung im Raum:
    a Fenster unten (von 0 bis 0,9 m Höhe)
    b Fenster mittig (von 0,9 bis 1,8 m Höhe)
    c Fenster oben (von 2,8 bis 2,7 m Höhe)
    d Fenster Mitte und oben (Standardanordnung)
26 a, b Vorentwurf eines Atelierhauses für Künstler. Neben der Hauptbefensterung von NO und der Ecke SW/NW wird die Lichtstimmung durch schmale Lichtschlitze zusätzlich akzentuiert.
    c Die Simulation zeigt die Lichtsituation im Grundriss.
       Studienarbeit HAW Hamburg, Lydia Ax und Andrea König, 4. Semester
27 Belichtungstechnisch optimierte Fensteranordnung im Verwaltungsbau (50 % Fensterflächenanteil).

28 a   b

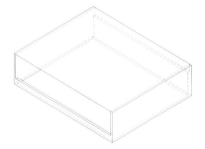

29

Tiefe (m)

nungen können entweder horizontal oder vertikal angeordnet werden. Horizontale Lichtöffnungen transportieren das meiste Licht in den Raum. Für eine gleichmäßige Ausleuchtung sollten sie einen Abstand haben, der der Raumhöhe entspricht (30°-Regel, S. 20). Je nach Verglasungsart werden lediglich 7 bis 15 % der Dachfläche benötigt, um auf der zu belichtenden Nutzfläche einen Tageslichtquotienten von mindestens 4 % zu erreichen. Noch größere Glasanteile führen ohne zusätzliche Maßnahmen zu Überhitzungsproblemen. In einer abgestuften Dachlandschaft oder in einem Sheddach können Lichtöffnungen auch in die vertikalen Flächen integriert werden. Zur Belichtung ist je nach Anordnung eine Glasfläche von mindestens einem Drittel bis zur Hälfte der darunter liegenden Nutzfläche, oft in Kombination mit einer vertikalen Verglasung in der Nutzebene erforderlich (Abb. 31)

Da Oberlichter nicht dem Ausblick dienen müssen, sind Wärmeeintrag und Lichteinfall problemlos steuerbar, beispielsweise mit externen Verschattungsanlagen oder durch Maßnahmen im Scheibenzwischenraum, die direktes Sonnenlicht in diffuses Licht umwandeln (siehe Kapitel »Führen von Tageslicht«).
Generell ist hier jedoch zu beachten, dass auch mit dem diffusen Licht Wärme nach innen übertragen wird. Eine Überdimensionierung von der Sonne beschienener Glasflächen daher ist zu vermeiden.

Beeinträchtigung durch äußere bauliche Verschattungen
Die Tageslichtausleuchtung von Räumen kann durch bauliche Gegebenheiten, die unabhängig von der jeweiligen Befensterung sind, stark beeinträchtigt werden. Zu diesen äußeren baulichen Verschattungen zählen gegenüber liegende Gebäude, rechtwinklig zum untersuchten Raum angeordnete Gebäude und auch horizon-

tal auskragende Bauteile vor oder oberhalb der Tageslichtöffnung des Raumes.

Gegenüberliegende Gebäude nehmen gerade im hinteren Teil eines Raumes viel Licht (Abb. 32 a, b, c). Mit Hilfe des Verhältnisses vom Abstand A zur Höhe H der Nachbarbebauung kann folgende Faustregel aufgestellt werden:

- A : H > 2,7 keine Beeinträchtigung
- A : H > 2,0 geringe Beeinträchtigung
- A : H > 1,0 starke Beeinträchtigung
- A : H < 1,0 zu starke Beeinträchtigung

Bei (Büro-)Räumen, die gegen einen Innenhof oder ein Atrium grenzen, gelten dieselben Regeln. In einem Verwaltungsgebäude sind demnach die an ein vorhandenes Atrium grenzenden Büros mindestens in den unteren Geschossen zu düster (siehe hierzu auch S. 22). Daher ist hier die Anordnung von Nutzungen mit geringerem Tageslichtbedarf (Verkehrsflächen, Besprechungsräume u.ä.) oder die Aufweitung des Atriums nach oben sinnvoll.
Seitliche Verschattungen durch das eigene (winkelförmige) oder benachbarte Gebäude nehmen zwar viel Licht, aber nur im vorderen Teil des Raumes, die Belichtung in der Raumtiefe wird kaum beeinträchtigt.
Als Faustregel gilt, dass in der Ecke eines winkelförmigen Grundrisses jeweils die ersten 8 bis 10 m schlechter belichtet sind (Abb. 34 a, b, c). Untergeordnete Nutzungen wie Treppen, Toiletten, Küchen, Kopiererräume usw. können dort untergebracht werden.
Auch feststehende, horizontale Lamellen vor dem Fenster nehmen besonders an trüben Tagen zu viel Licht.
Verschattungssysteme sollten deshalb so variabel sein, dass sie vollständig aufgefahren werden können.

28 a, b Klassenzimmer, Förderschulzentrum, Freising, Architekt: Eberhardt Schunk. Gute Belichtung durch Hauptverglasung und gegenüberliegendes Oberlichtband.
29 Klassenzimmer mit dem Verhältnis Raumtiefe zu Höhe 3:1, durch eine transparente Haupt- und eine gegenüberliegende ergänzende (transluzente) Verglasung in der gesamten Fläche gut belichtet.
30 Otto-Locher-Sporthalle, Rottenburg, Architekten: Ackermann und Raff. Gleichmäßige Belichtung durch in die Dachfläche integrierter Verglasung.
31 Großer Saal mit dem Verhältnis Raumtiefe zu Höhe 6:1, durch eine Dachlandschaft mit vertikaler Verglasung in der gesamten Fläche gut belichtet. Auf der zur Sonne gewandten Seite sind Maßnahmen zum Sonnen- und Blendschutz erforderlich.

30

Eine Ausnahme ist der Einsatz von feststehenden Lamellen oder einer großen horizontalen Auskragung mit einem Abschattungswinkel von 35° auf der Südseite von Gebäuden. Der exakte Winkel ergibt sich, wenn das Verhältnis von der Lamellenbreite zum Lamellenabstand bzw. Auskragung zu Fensterhöhe 0,7 beträgt. Dadurch wird erreicht, dass der Schattenwurf die Fensterfläche im Hochsommer vollständig bedeckt – es dringt ohne weitere Verschattung in der Fensterebene kein direktes Sonnenlicht in den Raum ein. Ein zusätzlicher Überhitzungsschutz ist daher nicht unbedingt nötig. Das frei bleibende Fenster gewährt Ausblick und kann ohne Behinderungen zum Lüften geöffnet werden. Für Büroräume ist ein zusätzlicher Blendschutz für die tiefer stehende Sonne außerhalb der Sommerzeit erforderlich, er kann auf der Innenseite des Fensters installiert werden. Die Reduktion des Tageslichtes durch die fest stehenden horizontalen Bauteile ist allerdings erheblich, das Kunstlicht muss öfter eingeschaltet werden. Diese Variante macht wirklich nur bei Südorientierung Sinn, schon bei SO/SW-Orientierung müsste wegen der tiefer stehenden Sonne der Abschattungswinkel 45° betragen, der Verlust an einfallendem Tageslicht wäre ansonsten viel zu groß.

Führen von Tageslicht

Eine große, klare, möglichst viel Licht durchlassende Verglasung erlaubt den besten Ausblick und liefert die maximale Menge an Tageslicht. Allerdings entspricht die im Raum entstehende Lichtsituation nicht immer den Anforderungen, um die gewünschte (Seh-)Aufgabe optimal auszuführen. Deshalb ist ein zusätzliches System erforderlich, das den Lichtdurchgang regelt. Seine Aufgaben sind äußerst vielfältig und teilweise auch gegensätzlich:
* Die direkte Sonne ausblenden (Blendschutz),

* die Helligkeit des Himmels reduzieren (gleichfalls Blendschutz, vor allem bei PC-Arbeitsplätzen),
* bei geschlossenem System noch ausreichend Tageslicht in den Raum einlassen und es angenehm verteilen (Stromeinsparung, Komfort),
* bei geschlossenem System den ungestörten Ausblick gewährleisten,
* Wärmeeintrag im Sommer verhindern (Überhitzungsschutz),
* bei geschlossenem System die natürliche Belüftung des Raums ungestört ermöglichen,
* Regelbarkeit für jede mögliche Situation außen und jede Arbeitssituation innen.

Ein »ideales« System zur Führung von Tageslicht, das alle genannten Anforderungen erfüllt, gibt es beim derzeitigen Stand der Technik nicht. Aber es gibt doch Systeme, die zumindest die meisten dieser Funktionen erfüllen können und der Lösung nahe kommen.
Um unter diesen nun die geeignete Lösung für eine konkrete Bauaufgabe zu finden, werden weitere Kriterien relevant:
Wie ist das System zu bewerten hinsichtlich Einfachheit (Herstellung, Betrieb, formal), Nachhaltigkeit und Angemessenheit (in Bezug auf die Gebäudenutzung, den architektonischen Ausdruck, das Gesamtbudget)? Und letztlich: dient es dem Anliegen von Architektur, Räume zu schaffen, in denen sich Menschen wohl fühlen?

Wirkprinzipien
Systeme zur Führung des Tageslichtes sind Elemente, die in den geradlinigen Durchgang des Lichtes durch Fassadenöffnungen eingreifen, indem sie das Licht oder auch nur einzelne Bereiche des Lichtspektrums reduzieren, ausblenden, umlenken oder streuen (Abb. 35a–d). Die verschiedenen Systeme können hierbei ein Wirkprinzip allein oder mehrere

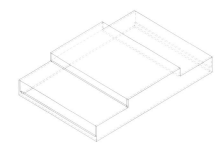

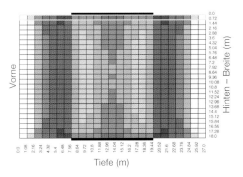

31

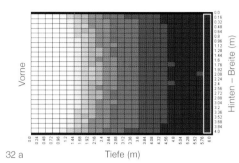

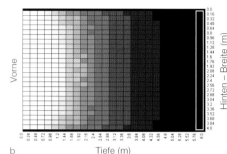

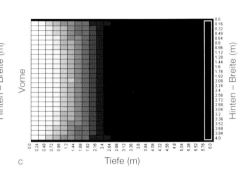

32 a | Tiefe (m)

b | Tiefe (m)

c | Tiefe (m)

32 Lichtsimulation für einen Büroraum mit unterschiedlicher baulicher Verschattung
   a Frei stehendes Gebäude
   b Abstand zu Höhe des gegenüberliegendenden Gebäudes 2:1
   c Abstand zu Höhe des gegenüber liegenden Gebäudes 1:1

Isoliergläser mit unterschiedlichen Werten für den Gesamtenergiedurchlassgrad g und die Lichttransmission τ

Wärmeschutzglas	g = 0,60	τ = 0,70
Sonnenschutzglas (nicht farbneutral)	g = 0,21	τ = 0,25
Sonnenschutzglas (farbneutral)	g = 0,33	τ = 0,66

33

34 a, b, c Einfluss einer »L-förmigen« Verbauung auf die Lichtsituation. Die linke Grafik zeigt, dass der erste Raum (direkt im Winkel) deutliche Einbußen in der Belichtung hat, der zweite Raum noch wahrnehmbare, während der dritte Raum bereits nahezu ungestört ist. Die rechte Grafik zeigt die unverschattete Situation.
35 Wirkprinzipien beim Führen von Tageslicht

gleichzeitig nutzen, sie können einzeln eingesetzt werden oder in Kombination, als Teil eines komplexen Fassadensystems, das sämtliche Funktionen der Gebäudehülle bausteinartig erfüllt.
Sie unterscheiden sich außerdem darin, ob sie im Bereich der Fassade/Fenster oder der Dächer/Oberlichter eingesetzt werden, ob sie direktes Sonnenlicht oder diffuses Himmelslicht nutzen, ob sie starr oder beweglich sind und ob sie vor, hinter oder in der Verglasungsebene angeordnet sind.

Wärmetechnisch am günstigsten ist natürlich eine Anordnung des Systems möglichst weit außen vor der Verglasung. Die Sonnenstrahlung wird »ganz vorne« bereits abgefangen und das sich unter der Sonne oft stark aufheizende Verschattungssystem (40 °C sind keine Seltenheit) kann direkt mit Außenluft gekühlt werden, so dass nur wenig Wärmestrahlung in den Raum gelangt. Außen liegende Systeme haben (lösbare) Probleme in Bezug auf Verrottung und Windstabilität.

Wenn die zur Sonne gewandte Seite des Systems metallisch beschichtet ist, kann die Solarstrahlung nicht nur im sichtbaren, sondern auch im unsichtbaren Infra-

rot-Bereich reflektiert werden. Das System selbst heizt sich nur noch gering auf und kann bei entsprechender Winkeleinstellung Tageslicht weit in die Raumtiefe lenken. Weil jede Verschmutzung diese Wirkung beeinträchtigt, muss ein solches System geschützt im Scheibenzwischenraum, in der Doppelfassade, im Kastenfenster oder im Innenraum angeordnet werden.
Es ist zu erkennen, dass die Lage der Verschattung stark bestimmt wird durch die Funktion Überhitzungsschutz. Für das Tageslicht hingegen ist die Lage eigentlich ohne Bedeutung.

Im Folgenden werden die gängigen, auf dem Markt verfügbaren Produkte kurz erläutert. Sofern sie überwiegend der Tageslichtoptimierung und nicht dem Sonnenschutz dienen, sei auf den Beitrag »Tageslichtlenkung« verwiesen (siehe Seite 42ff.).

Sonnenschutzgläser
Mit unterschiedlichen Beschichtungen der Glasscheiben wird angestrebt, den Durchgang von solarer Einstrahlung möglichst gering zu halten, also den Gesamtenergiedurchlassgrad g möglichst niedrig. Für eine gute Tageslichtversorgung

wird gleichzeitig eine möglichst hohe Lichttransmission τ erforderlich. Die Beschichtungen der Scheiben führen jedoch zu einer mehr oder weniger starken Beeinträchtigung der Lichttransmission und auch der Farbneutralität der Verglasung (Abb. 33).

Bei farbneutralen Sonnenschutzgläsern ist die Einbuße an Tageslicht gering und nahezu ohne Auswirkungen auf den Nutzerkomfort (die Selektivität, das Verhältnis der Lichttransmission τ zum Gesamtenergiedurchlassgrad g beträgt annähernd 2,0). Es genügt dann meist ein einfacher, innenliegender Sonnen-/Überhitzungsschutz, für Büroarbeitsplätze mindestens erforderlich ist jedoch ein Blendschutz. Für den Einsatz in großzügig verglasten Gebäuden können die farbneutralen Sonnenschutzgläser im Vergleich zur Variante Wärmeschutzverglasung mit außen liegendem Überhitzungsschutz eine sinnvolle Alternative sein.
Nicht-farbneutrale Gläser (gold, silber ...) führen dagegen wegen ihrer geringen Lichttransmission zu einer Zunahme von mehreren 100 Nutzungsstunden im Jahr, an denen es am dahinter liegenden Arbeitsplatz zu düster ist und das Kunstlicht brennen muss.

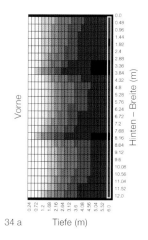
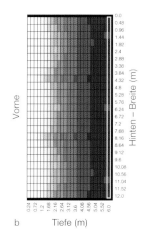
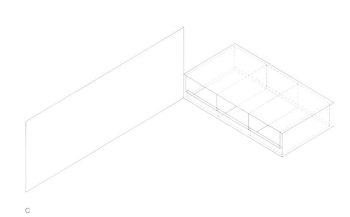

34 a   Tiefe (m)   b   Tiefe (m)   c

Bedruckte Gläser

Es ist auch möglich, Gläser im Siebdruckverfahren partiell zu bedrucken (Raster, Streifen etc.) und so die Tageslichteinstrahlung zu reduzieren. Sie werden insbesondere dort verwendet, wo eine Beeinträchtigung der Durchsicht nicht störend wirkt (Oberlichter, großflächige Verglasungen) oder sogar gewünscht ist.

Schaltbare Gläser

Ausgelöst durch einen regelbaren Impuls (gleich ob elektrisch, thermisch oder anders) dunkelt sich die Glasscheibe ab oder trübt sich ein und vermindert so den Strahlungsdurchgang. Schaltbare Verglasungen reduzieren die eindringende Solarstrahlung durchaus in derselben Größenordnung wie eine außen liegende Jalousie, sind also für den sommerlichen Wärmeschutz ein gleichwertiges System. Allerdings reagieren sie unter Umständen sehr träge auf den Schaltvorgang (ca. 30 Minuten) und sind teilweise in der Stärke der Veränderung nicht regelbar. Sofern die Verglasung sich nicht verdunkelt sondern eintrübt, geht auch der Ausblick verloren. Und die durchscheinende Sonne führt immer noch zu Blendungen. Außerdem erreichen diese Gläser im nicht geschalteten, »klaren« Zustand nicht die Lichttransmission der üblichen Wärmeschutzverglasungen, wodurch bei bedecktem Himmel das Kunstlicht eher zugeschaltet werden muss (Abb. 36 a–c). Dies sollte beim Einsatz schaltbarer Gläser in Büroräumen berücksichtigt werden. Beim derzeitigen Stand der Entwicklung eignen sie sich sehr gut für großzügig verglaste Hallen – gerade auch bei geneigter oder unregelmäßig geformter Verglasung, wo die Anordnung und Führung konventioneller Systeme sehr schwierig ist.

Jalousien und Markisen

Jalousien und Markisen arbeiten nach einem intelligenten Prinzip: die von der Sonne kommende Strahlung soll ausgeblendet und das vom Himmel kommende Licht durchgelassen werden.

Jalousien mit verstellbaren horizontalen Lamellen können das Licht nach innen in die Raumtiefe lenken. Mit metallischer, stark reflektierender Beschichtung sind sie hierbei besonders leistungsfähig, müssen jedoch vor Verunreinigungen geschützt (also innen) montiert werden. Für den Nutzer besonders angenehm ist die »cut off«-Position, die die Sonne gerade eben ausblendet, Himmelslicht noch durchlässt und Ausblick ermöglicht. Allerdings ist die Situation bei tief stehender Sonne (Winter/Westseite) unbefriedigend: die Lamellen müssen komplett geschlossen werden. Eine Perforierung der Lamellen kann hier Abhilfe schaffen. Bei einem Lochanteil von etwa 5 % blendet die durchdringende Sonne noch nicht, aber der Ausblick ist wieder möglich.

Um die unerwünschte Verdunklung bei komplett geschlossenen Lamellen zu reduzieren, kann das obere Drittel des Lamellenbehangs im Winkel separat einstellbar vorgesehen werden. Dadurch wird in diesem Bereich mehr Tageslicht in den Raum geführt (Abb. 37, 39). Die Lamellen können außen, im Scheibenzwischenraum oder im Innenraum angeordnet werden (siehe hierzu Abschnitt »Wirkprinzipien«).

Markisen erreichen die Ausblendung des Sonnenlichts, indem sie außen vor dem Fenster für einen Schattenwurf sorgen. Unter der angestellten Markise hindurch ist der Ausblick möglich. Probleme entstehen auch hier bei tief stehender Sonne.

Folienrollos und screens

In der Fensterebene laufende Rollos aus durchscheinenden, metallisch beschichteten Folien oder perforierten Geweben

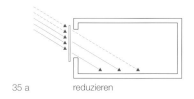

35 a   reduzieren

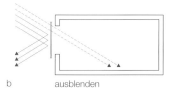

b   ausblenden

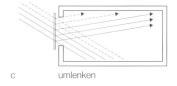

c   umlenken

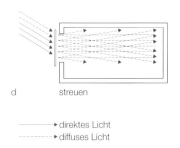

d   streuen

→ direktes Licht
→ diffuses Licht

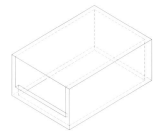

36 a

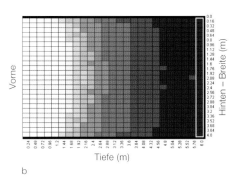

b

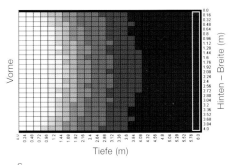

c

(screens) reduzieren die Strahlung von der Sonne und das Licht vom Himmel gleichermaßen.

Daraus resultiert der Nachteil, dass die durch die Verschattung scheinende Sonne immer noch zu Blendungen führt, so dass zusätzliche Maßnahmen zum Blendschutz erforderlich sein können. Vorteile dieser Systeme sind der stets ungehinderte Ausblick und geringere Probleme bei Einbau (witterungsgeschützt im Scheibenzwischenraum oder innen) und Wartung. Wenn die Folienrollos nicht konventionell von oben nach unten, sondern von unten nach oben gezogen werden, kann ein am Fenster befindlicher Arbeitsplatz abgeschattet werden, während der obere, für die Belichtung so wichtige Bereich geöffnet bleibt (Abb. 38, 39).

Prismen
Prismenplatten bestehen meist aus Kunststoff und sind in Doppelglasscheiben integriert.

Mikrosheds
Lichtlenkgläser mit im Scheibenzwischenraum integrierten metallisch beschichteten Kunststoffprofilen, die das direkte Sonnenlicht ausblenden, das diffuse Himmelslicht jedoch nach innen führen.

laser cut panels (LCP)
Mit Lasern sehr exakt profilierte Kunststoffplatten im Scheibenzwischenraum, die nach dem Prinzip der Totalreflexion das Licht leiten.

Feststehende horizontale Profile
Meist im Scheibenzwischenraum fest installierte Profile, die das Licht nach dem Prinzip der Spiegelung (Metallprofile) oder der Totalreflexion (Kunststoffprofile) leiten.

Holografisch-optische Elemente (HOE)
Sie können nahezu jegliche optische Eigenschaft in einen speziellen transparenten Film integrieren, der in die Verglasung eingebettet wird.

Heliostaten
Heliostaten sind Spiegel, die Sonnenlicht sammeln und es über metallisch verspiegelte Rohre/Lichtleitkabel in die Tiefe der Gebäude leiten.

Anidolische Systeme
Anidolische (nicht abbildende) Systeme leiten das diffuse Licht mittels gewölbter Spiegelflächen mit einer konzentrierenden Wirkung in den Raum.

Planungsbeispiel Büroraum
Am Beispiel des bereits mehrfach dargestellten Standard-Büroraumes (4 x 6 x 2,7 m, Fensterband 1,85 m hoch über der Brüstung 0,85 m) soll gezeigt werden, wie die zahlreichen verfügbaren Systeme zum Führen des Tageslichts (Verschattung und Tageslichtlenkung) im Hinblick auf eine konkrete Anwendung bewertet werden können.

Analyse der Lichtsituation
Zunächst ist zu klären, welches Licht der Nutzer haben möchte. Unbedingt auf einem konstanten Niveau und ohne hellere Objekte im Umfeld wie für PC-Arbeitsplätze? Oder darf es durchaus auch heller sein und ist sogar ein Spiel von Sonnenflecken möglich oder gewünscht? Muss das Licht unbedingt weiß sein wie am Büroarbeitsplatz oder ist ein kleines Farbspiel durchaus angenehm? Welche Lichtsituation entsteht mit einem Tageslichtsystem bei Sonnenschein, wenn die Sonne hoch steht (Sommer: Südseite), tief steht (Winter: Südseite/Sommer: Ost- und Westseite), streifend auf die Fassade trifft? Welche Lichtsituation entsteht mit einem Tageslichtsystem bei bedecktem Himmel? Wie bereits erläutert, ist dies an unserem Standort Mitteleuropa die häu-

figste Situation und damit die für eine Bewertung primäre.

Analyse der Tageslichtautonomie
Die Analyse sollte damit beginnen, die Grenzwerte der Kriterien Tageslichtautonomie und Strombedarf zu ermitteln. Die maximal mögliche Tageslichtautonomie erhält man, wenn man annimmt, dass es ausschließlich um die Versorgung des Raumes mit möglichst viel Tageslicht geht. Die Aspekte einer (die Autonomie reduzierenden) Regelung der Lichtmenge, des Blendschutzes und des Überhitzungsschutzes bleiben unbeachtet. Das entsprechende Modell hierfür ist der Raum mit klaren Scheiben ohne jegliches Verschattungssystem. Die maximal mögliche Tageslichtautonomie ergibt sich dann aus der Raumgeometrie, der Lage und Größe der Befensterung, der Orientierung, der Nutzung (Nennbeleuchtungsstärke und Nutzungszeiten) und der Möblierung des Raumes (Lage der Arbeitsplätze).

Für einen üblichen Büroraum ergibt sich für das gesamte Jahr eine Tageslichtautonomie von etwas über 40 %. Dieser sehr gute Wert relativiert sich bei einer Aufteilung auf die Jahreszeiten:
• Sommer: sehr hohe Autonomie, an den meisten Nutzungsstunden wird außen ausreichend Tageslicht angeboten!
• Frühjahr/Herbst: mittlere Autonomie, es steht noch an etwa 30 bis 40 % der Nutzungszeit prinzipiell genug Tageslicht zur Verfügung.
• Winter: sehr geringe Autonomie, es muss fast ausschließlich bei Kunstlicht gearbeitet werden.

Im überwiegenden Teil des Jahres ist demnach das Lichtangebot durchaus genügend. Aber in den Wintermonaten mit der sehr kurzen Tageszeit und dem überwiegend bedeckten Himmel gibt es nur wenige Stunden mit ausreichend Tageslicht.

Es ist einfach nachvollziehbar, dass jedes zusätzliche Verschattungs- oder Tageslichtsystem, dass sich in der Fensterebene befindet, die Menge des durchgehenden Lichtes reduzieren muss. Als Vorteil könnte dem gegenüber stehen, dass diese geringere Lichtmenge dann besser verteilt wird. Die praktische Erfahrung zeigt jedoch, dass bei bedecktem Himmel mit der Verwendung von Tageslichtsystemen im günstigsten Fall eine Lichtsituation erreicht wird, die nicht schlechter ist als die mit klarer Verglasung.

Um vor allem zu verhindern, dass das Büro in den Wintermonaten ausschließlich mit Kunstlicht belichtet werden muss, kann eine erste Regel abgeleitet werden:

Systeme zum Führen des Tageslichts sollten komplett auffahrbar sein.
Fest installierte Systeme sind nur dann akzeptabel, wenn die Lichtsituation bei bedecktem Himmel nicht schlechter ist als ohne dieses System.

Analyse des Strombedarfs
Den maximal möglichen Strombedarf erhält man mit der Auswahl »Licht an« in der gesamten Nutzungszeit (in vielen Großraumbüros aus den 70er-Jahren ist das die alltägliche Situation). Dem steht der minimal mögliche Strombedarf gegenüber, der zur maximalen Tageslichtautonomie (also ohne Verschattungssystem) gehört. Er ist im allgemeinen größer als Null (ebenso wie die maximale Tageslichtautonomie kleiner als 100 % ist), weil es (im Winterhalbjahr) Nutzungsstunden gibt, die in der dunklen Nachtzeit liegen.

Für den betrachteten Büroraum ergeben sich beispielhaft diese Grenzwerte:
• Maximal möglicher Strombedarf (»Licht an«) 29 kWh/m²a
• Minimal möglicher Strombedarf (ohne Verschattung) 17 kWh/m²a

36 Schaltbare Verglasung in einem Büroraum. Durch die schlechte Lichttransmission der schaltbaren Gläser im klaren Zustand sinkt die Tageslichtautonomie unter den empfohlenen Minimalwert von 30 %. Bei einer jährlichen Nutzungszeit von etwa 2500 Stunden bedeutet dies zusätzlich 375 Stunden, an denen das Kunstlicht zugeschaltet werden muss.
a Referenzraum für Büronutzung mit 65 % Fensterflächenanteil, angenommene jährliche Nutzungszeit 2500 h
b 2-Scheiben-Wärmeschutzverglasung, Lichttransmission 75 %, Tageslichtautonomie 43 % (an 1075 h ausreichend Tageslicht), Strombedarf 16,4 kWh/m²a
c Schaltbare Verglasung im klaren Zustand, Lichttransmission 50 %, Tageslichtautonomie 28 % (an 700 h ausreichend Tageslicht), Strombedarf 20,6 kWh/m²a
37 Verwaltungsgebäude, München, Architekt: von Seidlein. Jalousie, im oberen Drittel separat angestellt.

37

Fassade als komplexes System

38

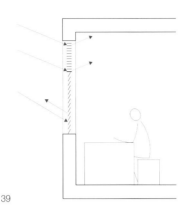

39

38 Folienrollo, von unten nach oben gezogen
39 Eine detailliertere Betrachtung der Fensterfläche
   zeigt, dass sie in Bereiche mit verschiedenen
   Funktionen aufgeteilt werden kann:
   Das obere Drittel (etwa ab 2 m Höhe) für den Einlass von Tageslicht, da gerade das obere Drittel
   eines Fensters für die beste Belichtung des Raumes sorgt, insbesondere in der Tiefe. Die unteren
   beiden Drittel (von der Brüstung bis 2 m Höhe)
   für den Ausblick.
   Diese Teilung erlaubt eine entsprechende Ausstattung mit Systemen zur Führung des Tageslichts:
   Bei Blendung wird der untere Bereich geschlossen. Der Arbeitsplatz einer im Raum sitzenden
   Person wird abgeschattet. Zur Erhaltung des
   Ausblicks kann hier mit perforierten Folien oder
   Lamellen gearbeitet werden.
   Der obere Bereich kann dagegen geöffnet bleiben für den freien Eintritt des Tageslichtes und
   den Sichtbezug zum Himmel. Möglich ist hier
   auch die Anordnung eines lichtlenkenden Systems. Bei der Überhitzungsgefahr wird auch der
   obere Teil geschlossen.
   Zwei verschiedene Ausstattungsvarianten sind
   für dieses Prinzip möglich:
   · Die Jalousie, deren Lamellen im oberen Drittel
     separat angestellt werden können.
   · Folienrollos / screens, die nicht konventionell
     von oben nach unten, sondern von unten nach
     oben gezogen werden.

Bewertung
Die Bewertung unterschiedlicher Systeme
zum Führen des Tageslichts kann relativ
einfach im Vergleich zu einem sehr guten,
bewährten System erfolgen.
Als Referenz wird die außen liegende, im
oberen Bereich des Fensters separat an-
stellbare Jalousie mit perforierten Lamellen benutzt.
In der Jahresbilanz reduziert sich im Vergleich zum Idealfall »kein Verschattungssystem« die Anzahl der Nutzungsstunden, an denen kein Kunstlicht erforderlich
ist, um etwa 30 %. Die Tageslichtautonomie liegt dann knapp über 30 %, einem
immer noch befriedigenden Wert. Entsprechend erhöht sich der Strombedarf
gegenüber dem minimal möglichen um
etwa 5 kWh/m^{2}a. Die hier genannten Zahlen sind einer detaillierten Untersuchung
des Autors für einen Verwaltungsbau entnommen. Da die Resultate aber nicht nur
vom betrachteten Verschattungssystem,
sondern auch von der Raumgeometrie,
der Orientierung und der Nennbeleuchtungsstärke abhängen, wird hier bewusst
darauf verzichtet, die exakten Daten zu
nennen, da sie nicht verallgemeinert werden können.
In einer primären Bewertung wäre nun ein
anderes Verschattungssystem mit diesen
Werten zu vergleichen. Bei einer genaue-
ren Analyse der Einbußen an Tageslichtautonomie können drei Fälle unterschieden werden:

· Bedeckter Himmel. Hier ist idealerweise
  das Verschattungssystem vollständig
  aufgefahren. Verschlechterungen dürften also nicht auftreten.
· Sonnenschein direkt auf Fassade. Hier
  muss das Verschattungssystem
  geschlossen werden. Fast alle Einbußen an Autonomie resultieren aus dieser Situation. Wie viel Tageslicht kann
  durch das geschlossene System noch
  in den Raum eindringen?

· Sonnenschein, aber die Sonne steht
  hinter der Fassade. Hier kann das Verschattungssystem (abgesehen von
  einer evtl. notwendigen Funktion als
  Überhitzungsschutz) ebenfalls aufgefahren werden. Verschlechterungen
  dürften also nicht auftreten.

Eine sekundäre, teilweise auch subjektive
Bewertung umfasst weitere Kriterien wie
die Verteilung des Lichtes, den Erhalt des
Ausblicks und die Möglichkeit zur Belüftung des Raumes bei aktiviertem Ver-
schattungs- bzw. Tageslichtsystem.
Bei der Untersuchung zeigte es sich,
dass keines der dort untersuchten Systeme überzeugende Vorteile gegenüber
der Referenz aufweisen konnte. Allerdings ist hier nur ein isolierter Büroraum
betrachtet, nicht ein ganzes Gebäude mit
zahlreichen Räumen unterschiedlicher
Größe, Nutzung und Orientierung, für die
eine Gesamtlösung entwickelt werden
muss.

Tageslicht und Baukörper
Die Analyse eines typischen Wohngebäudes zeigt, dass mit dem heute üblichen
guten Dämmstandard der Verbrauch von
fossilen Brennstoffen immer noch zu
etwas mehr als 50 % in das Heizen geht
(Abb. 40). Auch wenn die Anteile für
Warmwasserbereitung und Strom für
Kunstlicht beachtlich sind, gelten für das
Erreichen eines möglichst geringen Energiebedarfes diese den Entwurf bestimmenden Regeln:

· Die Form der wärmedämmenden
  Gebäudehülle soll möglichst kompakt
  sein (also ein möglichst kleines »A/V-
  Verhältnis«)
· Alle Hauptnutzflächen sollen ausrei-
  chend mit Tageslicht versorgt sein
  (Tageslichtquotient ≥ 1 %).

☐ Heizen und Lüften
■ Beleuchtung
☐ Warmwasser

40

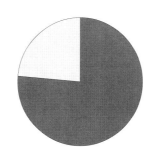

☐ Heizen und Lüften
■ Beleuchtung
☐ Warmwasser

41

40 Anteile am Jahres-Primärenergiebedarf eines typischen Wohngebäudes (Dämmstandard Niedrigenergiehaus, keine aktive Kühlung)
41 Anteile am Jahres-Primärenergiebedarf eines typischen Bürogebäudes (Dämmstandard Niedrigenergiehaus, keine aktive Kühlung, kein Warmwasserbedarf)

Energieoptimierte Wohngebäude werden also auch in Zukunft kompakte Baukörper aufweisen. Ausreichende Belichtung wird mit den bewährten Gebäudetiefen um die 12 bis 15 m erreicht.

Die entsprechende Analyse eines typischen Verwaltungsbaus mit gutem Dämmstandard sieht grundlegend anders aus (Abb. 41). Wegen der stärkeren und längeren Nutzung und vor allem wegen der höheren Nennbeleuchtungsstärke werden hier die meisten fossilen Brennstoffe für den Strom für Kunstlicht benötigt. So gelten hier für das Erreichen eines möglichst geringen Energiebedarfes diese den Entwurf bestimmenden Regeln:

- Alle Hauptnutzflächen sollen ausreichend mit Tageslicht versorgt sein (Tageslichtquotient D ≥ 1 %, Tageslichtautonomie ≥ 30 %),
- Ein möglichst großer Anteil davon sollen tageslichtorientierte Nutzflächen sein (D ≥ 3 %, s. S. 18).

Die Verwaltungsgebäude der Zukunft werden also eher schlanke, lichtdurchflutete Baukörper mit geringerer Tiefe sein. Solche Gebäude könnten sehr elegant sein, sich zur Umwelt hin öffnen, mit der Umgebung kommunizieren.

Die Fassade als komplexes System
Eine Fassade dient nicht nur dem Schutz des Gebäudes vor Witterung, Lärm und Einbruch, sondern auch dem Austausch, der Kommunikation zwischen dem Innen- und dem Außenraum. Unerwünschtes, dem Komfort Schadendes wird abgehalten, dem Komfort Nützendes soll dagegen je nach Wunsch des Nutzers eingelassen werden können (Frischluft, Tageslicht, Sonne, Ausblick, Gespräch, Vogelzwitschern, Blütenduft ...).
Die Wunschliste der »kommunikativen« Elemente in der Fassade kann folgendermaßen konkretisiert werden:

- *Der Ausblick:* Eine Person sitzt im Raum, meist wenige Meter von der Fassade entfernt. Der Blick nach draußen, also zur Fassade, umfasst dort die Höhe von 0.90 m bis 2.20 m und eine Breite von mindestens 1 m (vgl. S. 27). Lage und Größe der hierfür erforderlichen klaren Verglasung sind damit definiert.
- *Der Außenkontakt:* Für den Kontakt nach außen und den Einlass schöner Stimmungen (»Der Frühling ist da«) nach innen ist ein öffenbares Fenster mindestens in der Größe und Position des Oberkörpers einer stehenden Person wünschenswert. Seine Lage ist identisch mit dem Element »Ausblick«, die Größe kann mit einer Fensterteilung auf den Bereich 0.9 m bis 2.00 m Höhe eingeschränkt werden.
- *Die Versorgung mit Tageslicht:* Hoch liegende Fenster liefern besonders viel und gut verteiltes Licht in den Raum (vgl. S. 26). Das obere Drittel (also oberhalb der Teilung für das öffenbare Fenster) der Fassade sollte dafür zur Verfügung gestellt werden. Diese Zone eignet sich auch für zusätzliche lichtlenkende Maßnahmen.
- *Die zugfreie natürliche Lüftung:* Gelüftet werden kann natürlich über das öffenbare Fenster. Bei ungünstigen Witterungsbedingungen führt das Lüften allerdings zu Zugerscheinungen. Günstiger ist es dann, die Belichtungsöffnung im oberen Fassadendrittel zum Lüften zu nutzen.
Die Alternative ist eine zusätzliche, separate Lüftungsöffnung. Um einen Raum über die Fassade ausreichend belüften zu können, sind 4 % der Grundfläche als Lüftungsöffnung erforderlich, das entspricht bei üblichen Raumabmessungen (Verhältnis Raumhöhe zu Raumtiefe 1:2,5) etwa 10 % der Fassadenfläche. Dem Prinzip der Thermik folgend ist eine schmale, raumhohe Anordnung der Lüftungsöffnung am günstigsten.

Ist die Lüftungsöffnung vor Einbruch und Regen geschützt, kann sie im Verwaltungsbau auch außerhalb der Nutzungszeiten geöffnet bleiben und so im Sommer zur nächtlichen Bauteilkühlung herangezogen werden.

Die aufgeführten Elemente der Fassade folgen dem Prinzip der Trennung der Funktionen. Ergänzt um Elemente zum Sonnen- und Blendschutz und zur Tageslichtnutzung, eventuell auch zur aktiven Solarenergienutzung (Photovoltaik), entsteht ein Katalog von einzelnen Bausteinen, die – ähnlich einem Mosaik – in ein sinnvolles Ganzes integriert werden müssen. Erst das Prinzip der Entflechtung ermöglicht die Optimierung eines so komplexen, von zum Teil widersprüchlichen Anforderungen geprägten Systems wie einer Fassade.

Im Folgenden werden beispielhaft zwei Verwaltungsgebäude mit leistungsfähigen Systemfassaden gezeigt, die nach der geschilderten Methode entwickelt wurden.

Beispiel
Labor- und Bürogebäude

Fraunhofer Institut für Solare Energiesysteme ISE in Freiburg

Labors, Werkstätten und Büros des ISE sind in einem Neubau zusammengefasst, der mit dem Anspruch hoher Arbeitsplatzqualität und Funktionalität bei geringem Energieverbrauch entwickelt ist.

Schon in der Konzeptionsphase wurden die Entwurfsvarianten der Architekten mit Hilfe der Fachingenieure hinsichtlich Wärmeschutz, Sonnenschutz, Licht- und Lüftungstechnik untersucht und bewertet. Die realisierte Kammstruktur bietet gute Voraussetzungen zur Energieoptimierung: Büroflächen, die möglichst nicht klimatisiert werden sollen, sind auf der Südseite der Gebäudeflügel angeordnet, die zugehörigen, notwendigerweise klimatisierten Labors entsprechend auf der Nordseite. Die Südorientierung der Büroflächen vermeidet die ungünstigen Auswirkungen der ganzjährig tief stehenden Sonne an West- und Ostfassaden (Blendung bzw. mangelhafter Ausblick wegen ständig geschlossenem Sonnen- und Blendschutz).

Die Kombination von Labors und Büros auf einer Ebene ergibt Raumhöhen von 3,30 m, die in Verbindung mit der Raumtiefe von nur 5 m eine großzügige Nutzung des Tageslichts ermöglichen. Die Bürofassade ist hierzu in vier Segmente unterteilt: Brüstung, Fenster, Blendpaneel, Oberlicht. Das deckenbündige Oberlicht ist für die Tagesbelichtung der Raumtiefe besonders wertvoll, das Fenster für die Schreibtischzone (Belichtung und Ausblick). Außenjalousien (ergänzt durch ein innenliegendes Blendschutzrollo) mit zweigeteilter Bedienung gewährleisten den Sonnenschutz und ermöglichen im oberen Segment gleichzeitig den Einlass des Lichts in die Raumtiefe. Die restlichen 50 % der Fassadenfläche sind nicht verglast, sondern aus Gründen des (sommerlichen) Wärmeschutzes als geschlossene Paneele ausgebildet. Der Brüstungsbereich kann zusätzlich mit Photovoltaik-Elementen bestückt werden.

Das Kunstlichtkonzept für die Büros ist auf das hohe Tageslichtangebot abgestimmt: Grundbeleuchtung durch indirekt strahlende Stehleuchten, deren Stromkreis tageslichtabhängig zentral geschaltet wird; Arbeitsplatzbeleuchtung durch eine manuell schaltbare Tischleuchte, die nur in tageslichtärmeren Bereichen mit einem präsenzgesteuerten Schaltmodul ausgestattet ist. Lichtsimulationen im Vorfeld hatten ergeben, dass sich die Kosten für eine tageslichtabhängige Lichtsteuerung nur in Zonen mit ungünstigen Tageslichtverhältnissen amortisieren.

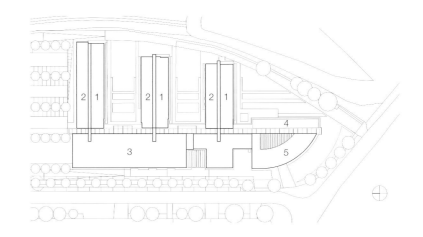

42

43

36

1 Büro
2 Labor
3 Technik, Werkstätten
4 Verwaltung
5 Zentrale Dienste, Eingang

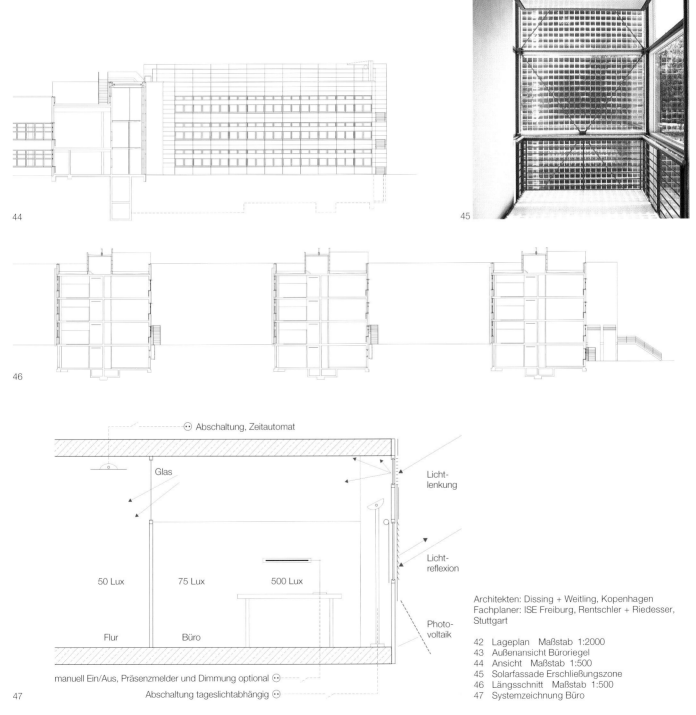

44

45

46

47

Glas

Abschaltung, Zeitautomat

Licht-
lenkung

Licht-
reflexion

50 Lux   75 Lux   500 Lux

Flur   Büro

Photo-
voltaik

manuell Ein/Aus, Präsenzmelder und Dimmung optional ⊙

Abschaltung tageslichtabhängig ⊙

Architekten: Dissing + Weitling, Kopenhagen
Fachplaner: ISE Freiburg, Rentschler + Riedesser,
Stuttgart

42 Lageplan Maßstab 1:2000
43 Außenansicht Büroriegel
44 Ansicht Maßstab 1:500
45 Solarfassade Erschließungszone
46 Längsschnitt Maßstab 1:500
47 Systemzeichnung Büro

Verwaltungsgebäude in Wiesbaden
Das Bürohaus der Zusatzversorgungs-
kasse liegt in der Nähe des Wiesbadener
Hauptbahnhofes. Um die für das Stadt-
klima wichtige Luftströmung in Ost-
West-Richtung zu erhalten, sind die vier
schmalen Baukörper entsprechend orientiert. Alle fünf Gebäude werden durch
eine doppelte Längserschließung in
Nord-Süd-Richtung miteinander verbunden. An diesen Achsen liegen je zwei
vertikale Erschließungskerne innerhalb
jedes Baukörpers. Sie sind von der
Straße aus zugänglich, so dass jeder
Abschnitt einzeln genutzt und vermietet
werden kann.

Die Büroriegel sind als Stahlbeton-Ske-
lettkonstruktion ausgeführt. Ihre Flachde-
cken sind so dimensioniert, dass keine
Unterzüge nötig sind. So können die Flächen sowohl als Einzel-, Gruppen- oder
Kombi-Büros und auch als Großraumbüros genutzt werden.

Das Gebäude zeichnet sich durch ein
intelligentes Fassadenkonzept aus, das
nicht nur eine differenzierte Lichtführung,
sondern auch variable Lüftungsmöglich-
keiten und verschiedene energetische
Überlegungen beinhaltet. Das Erscheinungsbild der Südfassade ist von den
schaufelförmigen Sonnenschutz- und

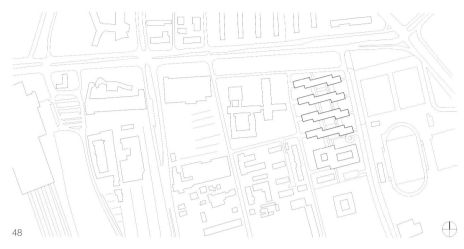

48

Lichtlenkungselementen aus Aluminium
geprägt (siehe Seite 40). Die Elemente,
auf welche die Sonne direkt trifft, werden
automatisch in eine Stellung gebracht,
die das Licht so umlenkt, dass eine bild-
schirmgerechte Belichtung der Büroräume jederzeit gewährleistet ist. Das
Erscheinungsbild verändert sich durch
die je nach Wetterlage unterschiedlichen
Positionen der Elemente immer wieder.
Auf der Nordseite der Büroriegel sind
ebenfalls Lichtlenkungselemente angebracht. Diese sind jedoch unbeweglich.
Hinter den Elementen befindet sich auf
beiden Seiten eine Pfosten-Riegel-Fas-

sade mit einer Dreifach-Isolierverglasung.
In Verbindung mit einer regulierbaren
Bauteilheizung und -kühlung werden sehr
niedrige Energieverbrauchswerte erreicht,
gleichzeitig herrscht ein gutes Raumklima.
Im seitlichen Bereich der Fassadenele-
mente sind hölzerne Lüftungsflügel eingebaut, die manuell bedient werden können.
Mittels integrierter Kunststoffklappen wird
Frischluft, die durch einen eingebauten
Konvektor vorgewärmt werden kann, in
die Räume gelenkt. Die Räume sind so
auch bei geschlossenen Flügeln gut durch-
lüftet und temperiert. Das System ist variabel und benutzerfreundlich.

49

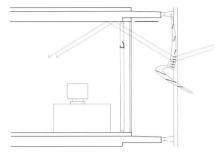

50 a Tageslichtlenkung auf der Südseite
      bei Sonnenschein

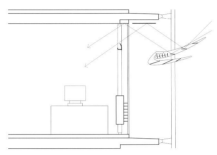

b Tageslichtlenkung auf der Südseite
   bei bewölktem Himmel

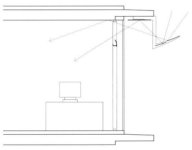

c Tageslichtlenkung auf der Nordseite
   bei bewölktem Himmel

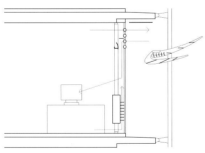

d Kontrollierte, zentral gesteuerte
   natürliche Lüftung

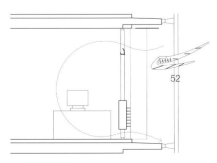

e freie Lüftung
   bei geöffneten Lüftungsflügeln

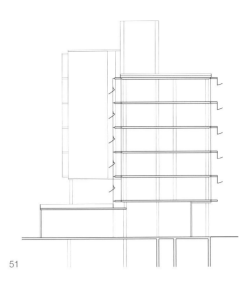

51

Architekten: Herzog + Partner, München
Energiekonzept: Kaiser Consult, Hausladen,
Oesterle, DS-Plan
Lichtplanung: Bartenbach Lichtlabor

48 Lageplan   Maßstab 1:10 000
49 Ansicht Nordfassade
50 Tageslichtlenkung und Lüftung
51 Vertikalschnitt   Maßstab 1:500
52 Innenansicht Fassade

nächste Seite: Ansicht Südfassade

52

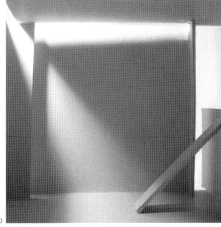

53a   b

Planungshilfsmittel

Mit Hilfe von Simulationen der Lichtverhältnisse in einem Raum kann man schon in der Planungsphase zuverlässige Informationen über die Tageslichtausleuchtung und über die Lichtatmosphäre gewinnen, anhand derer die Planung optimiert werden kann.

Modelle

Eine sehr aufschlussreiche Methode der Simulation ist das gebaute Architekturmodell. Gerade beim Licht (mit seinen im Vergleich zu den üblichen Abmessungen unserer Umgebung) extrem kleinen Wellenlängen spielt der Maßstab (anders als bei anderen physikalischen Prozessen wie etwa der Wärmeausbreitung oder der Raumakustik) keine Rolle. Egal ob 1:1, 1:20 oder 1:50 – die Menge, die Verteilung und Atmosphäre des Lichtes ist bei gleichen äußeren Verhältnissen dieselbe. Stimmen müssen lediglich die geometrischen Verhältnisse sowie die Farbigkeit und die Beschaffenheit der Oberflächen des Modells.

Mit einem kleinen Endoskop oder einer digitalen Kamera ist es möglich, bei einem Maßstab 1:20 (manchmal genügt bereits 1:50) realistische Innenraumaufnahmen zu machen.

Ein Problem bleibt allerdings, wo man den richtigen Himmel dazu hernehmen soll. Ideal ist hierfür ein künstlicher Himmel, der sowohl den bedeckten als auch den klaren Himmel mit Sonne für verschiedene Tages- und Jahreszeiten simulieren kann. Solche Anlagen gibt es in Deutschland allerdings nur sehr wenige. Für die Frage, wann die Sonne wohin scheint, hilft auch ein einfacher Sonnensimulator. Ein gut parallel strahlender Scheinwerfer und das Modell werden der Tages- und Jahreszeit entsprechend zueinander in den richtigen Winkel gebracht, und die Verschattungssituation außen und innen kann fotografiert werden.

Stellt man das Modell bei bedecktem Himmel ins Freie, liefert die Kamera die zugehörige Belichtung der Räume korrekt. Ebenso, wenn die Sonne scheint, allerdings benötigt die Jahressimulation bei dieser Methode eine gewisse Zeit. Auch der eigene Modellwerkstattplatz kann benutzt werden. Ein paar Deckenfluter ersetzen den (bedeckten oder klaren) Himmel und ein gut das Licht bündelnder Spot (z. B. Halogenlampe) ergänzt die Sonne. Mit dieser sehr simplen, aber von jedem ausführbaren Variante sind die Informationen über die Menge des Lichtes im Inneren des Modells natürlich nicht mehr korrekt. Aber die Aussagen über die atmosphärische Qualität des Tageslichtes bei bedecktem Himmel und bei Sonnenschein (das Licht- und Schattenspiel) sind doch sehr zutreffend und mit einem noch so komplexen EDV-Programm wohl nur schwer zu erzielen.

Computersimulation

Die zweite Möglichkeit der Vorabsimulation ist die mit einem EDV-Programm. Moderne CAD-Programme haben die Option, den Schattenwurf der Sonne berechnen zu können. Darüber hinaus gehende Simulationen der Lichtverhältnisse bei verschiedenen Himmelszuständen werden jedoch wegen der hierfür erforderlichen hohen Rechenzeiten sehr vereinfacht ausgeführt und resultieren in Falschfarbendarstellungen, die zwar durchaus auch einen Eindruck der Belichtung vermitteln, aber hinsichtlich Lichtmenge und Lichtverteilung keine korrekten Aussagen liefern (das Bild wird einfach »schön« gerechnet – düstere Bereiche werden z. B. weder erkannt noch dargestellt). Hinsichtlich der atmosphärischen Qualitäten des Lichtes erreichen solche Darstellungen nicht die Qualität einfacher Modellfotos.

Natürlich gibt es auch spezielle Lichtsimulationsprogramme, die korrekte Aus-

sagen liefern und sich auch an die atmosphärischen Qualitäten des Lichtes heranrechnen können. Es gilt die Regel: je genauer und je besser die Darstellung desto höher die Rechenzeit und der Bedienungsaufwand. Der Alleskönner auf diesem Gebiet ist zur Zeit RADIANCE, für das mehrere Bedieneroberflächen existieren (siehe hierzu auch S. 57ff.). Da die Benutzung sehr aufwendig ist, sollten hiermit speziell geschulte Ingenieurbüros oder Institute beauftragt werden. Zur Nutzung durch den Architekten selbst wesentlich besser geeignet sind einfachere Programme mit geringem Bedienungsaufwand, die natürlich nicht alles können, aber doch in vielen Bereichen die Planung unterstützen. Sie sind vor allem sehr gut geeignet für den Vergleich von Varianten zur Optimierung der Planung. Eine Auswahl von Programmen, die keinen Anspruch auf Vollständigkeit erhebt, ist im Anhang zu finden. Diese Liste repräsentiert den gegenwärtigen Stand, zukünftige Entwicklungen sollten aufmerksam verfolgt werden.

52 linke Seite: Ansicht Südfassade, Verwaltungsgebäude in Wiesbaden
53 a, b Atelierhaus für Künstler, Studienarbeit (s. S. 27). Die Modellfotos zeigen den Blick von der Hauptbefensterung (NO) in das Innere des Gebäudes. Durch schmale Schlitze erhält der Raum eine zusätzliche Lichtstimmung. Die Fotos simulieren die Situation an einem sonnigen Tag im Frühling/Herbst (a: morgens, b: mittags).

Tageslichtlenkung

Ulrike Brandi

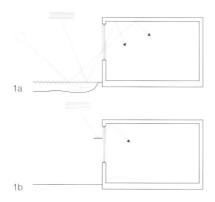

1a

1b

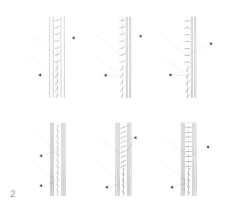

2

In den letzten zwei Jahrzehnten hat sich die Tageslichtplanung im Leistungsbild der Lichtplaner etabliert. Bei Bauherren und Architekten entwickelte sich ein Bewusstsein für die Einflüsse des Tageslichts in all seinen Facetten. Inzwischen planen Teams verschiedener Spezialisten die Hüllen der Häuser: die Architekten gemeinsam mit Klima- und Energieingenieuren, Fassadenplanern und Lichtplanern. Wir Lichtplaner simulieren die konzipierten Gebäudegeometrien entweder mit Modellen und künstlichem Himmel oder mit Simulations-Software. Beide Werkzeuge haben verschiedene Stärken und Schwächen, können sich jedoch ergänzen. Weitere Bedeutung gewinnt die Nutzung des Tageslichts seit ca. 20 Jahren auch auf der Ingenieursseite. Um dem Wunsch nach Energieeinsparung zu entsprechen, werden Wege gesucht, das Tageslicht möglichst effizient zur Beleuchtung zu nutzen und zugleich die energetisch meist ungünstige, begleitende Wärmeeinstrahlung zu reduzieren. Diese neue Kopplung von Tageslichtplanung und Klimatechnik muss architektonisch erst noch umgesetzt werden – eine spannende Aufgabe für die Zukunft. Zu den ökologischen und ökonomischen Vorteilen einer guten Tageslichtversorgung in Innenräumen treten gestalterische Aspekte und die positiven Effekte für die physische und psychische Gesundheit des Menschen. Die Qualitäten des natürlichen Lichts lassen sich nicht ersetzen. Daher sollte die Frage nach den Tageslichtverhältnissen in einem Raum am Anfang jeder Kunstlichtplanung stehen. Eine erste Antwort ergibt sich aus der Ausrichtung des Gebäudes zur Himmelsrichtung, seinem Ort, der Umgebung und der Verschattung des Gebäudes. Die Bedürfnisse sind je nach geographischer Lage unterschiedlich: Im Norden, der weniger mit Sonne, Licht und Wärme versorgt wird, ist die extensive Nutzung des Lich-

tes wünschenswert. Je näher der Äquator rückt, umso mehr Tageslicht steht zur Verfügung und desto geschlossener werden die Gebäude.

Prinzipien von Tageslichtsystemen
Das Tageslicht prägt neben Landschaft oder Stadtraum den authentischen Ort eines Gebäudes. Daher ist es wichtig, am Anfang eines Entwurfs ausgiebig mit den Architekten und Bauherren über die gewünschten Einflüsse des Tageslichts zu diskutieren. Bewusst und gut eingesetzt stärkt Tageslicht den Charakter eines Gebäudes: Es schafft die spezifische und sich im Laufe des Tages und der Jahreszeit ändernde Atmosphäre und dient den unterschiedlichsten Funktionen und Nutzungen der Räume. Für eine Anfangsbetrachtung ist es hilfreich, die extremen Sonneneinstrahlungen zur Mittagszeit zu ermitteln und dabei alle Jahreszeiten zu berücksichtigen, sowie die Uhrzeiten von Sonnenaufgang und Sonnenuntergang. Zudem müssen unterschiedliche Wettersituationen beachtet werden: gleißende Sonne, »Hamburger Schmuddelwetter«, Nebel, Abendrot, brillantes Herbstwetter, Gewitter, Regen, Schnee. Mal ist es notwendig, viel Sonne

5

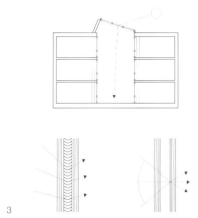

3

4

auszublenden, mal muss das natürliche Licht durch Kunstlicht ergänzt werden. Dabei fördern sich verändernde Lichtsituationen das Wohlbefinden des Menschen in einem Raum sehr (siehe Seite 8ff.). Jahrelang versuchte man, durch Normen das ergonomisch »richtige« Licht festzulegen und zu garantieren. Man erreichte, gerade in Büros, eine monotone Gleichmäßigkeit der Beleuchtungsstärken und eine Reduktion der Kontraste und Reflexe. Heute planen wir dynamische Lichtsituationen auch in Büroräumen und integrieren das Tageslicht weitgehend. Untersuchungen zum Schlaf- und Wachrhythmus von Menschen und Krankheitsbilder wie die in nördlichen Breitengraden vermehrt auftretende SAD (seasonal affective disorder), SBS (sick building syndrome) und ADD (attentional deficit disorder) zeigen, dass die ausreichende Versorgung mit Tageslicht lebensnotwendig ist. Es ist in Qualität und Intensität dem Kunstlicht weit überlegen: Im Freien herrschen an Sonnentagen 10 000 bis 100 000 Lux.

Ein weiteres Merkmal des Lichts, das auf den menschlichen Organismus einwirkt, ist seine veränderliche spektrale Zusammensetzung. Traditionelle, teilweise simple,

aber sehr effektive Mittel, das Tageslicht zu steuern und zu lenken, stehen technisch manchmal sehr aufwändigen Systemen der letzten 20 Jahre gegenüber. Eine weiß gekalkte tiefe Fensterlaibung lenkt Tageslicht in den Raum. Sogar die Sprossen alter Fenster leiten etwas Licht gegen die Decke eines Raumes und sind daher, trotz ihrer vergleichsweise kleineren Glasfläche, einem großflächig verglasten Fenster kaum unterlegen, was die Tageslichtnutzung betrifft. Wasserflächen neben Gebäuden reflektieren das Tageslicht in das Innere (Abb. 1a), »Lightshelfs« lenken Tageslicht gegen die Decke eines Raumes. Sie sind im oberen Drittel eines Fensters außen an der Fassade montiert und schützen gleichzeitig den fensternahen Bereich vor direkter Sonneneinstrahlung (Abb. 1b).

Sonnenschutzgläser

In den 70er-Jahren begann man, Sonnenschutzgläser einzusetzen, deren Beschichtung die Wärmestrahlung im Infrarotbereich des Sonnenlichts ausfiltert. Teilweise verwendet man stark ausblendende Gläser, die von außen wie Spiegel wirken und die Nachbarschaft unangenehm blenden können; der Innen-

raum wirkt besonders bei schlechtem Wetter sehr dunkel. Außerdem gibt es weniger ausblendende Gläser, die dem Klarglas ähnlicher sind, aber auch weniger bewirken. Sie werden oft bei Dachfenstern und glasüberdachten Hallen eingesetzt.

Eine große Variationsbreite haben mit Einbrennlackierungen bedruckte Gläser. Es ist möglich, Gläser partiell und im Verlauf zu bedrucken. Feine Raster auf verglasten Hallendächern sind von unten kaum wahrnehmbar und stören die Durchlässigkeit des Glases wenig.

Lamellen und Jalousien

Horizontale Lamellen und Jalousien ermöglichen eine genaue Lichtsteuerung. Das Sonnenlicht lässt sich komplett ausblenden oder gegen die Decke lenken, um es in der Raumtiefe nutzbar zu machen (Abb. 2). Die Effekte können durch verschiedene Beschichtungen der Lamellen verstärkt werden. Zu beachten ist, dass außenliegende Jalousien windanfällig sind, innenliegende dagegen nicht so gut vor der Wärmestrahlung schützen. Jalousien können auch innerhalb von Doppelglasfenstern angebracht sein, dort verschmutzen sie nicht. Lamellen an der Fassade – aus eloxiertem Aluminium oder Glas – können größere Dimensionen annehmen und unterschiedlich profiliert sein. Durch die Wölbung der reflektierenden Fläche fächern sie das Licht auf.

Lichtlenkglas

Mehrere Systeme nutzen den Zwischenraum von Doppelglasscheiben, um minimierte optische Körper und Profile aufzunehmen. Das Lichtlenkglas ist mit Acrylprofilen ausgefüllt, die durch eine Totalreflexion innerhalb des Acryls Licht an die Decke eines Raumes werfen. Eine zusätzliche prismatische Profilierung der inneren Glasscheibe verteilt schräg einfallendes Licht besser im Raum (Abb. 3).

6

43

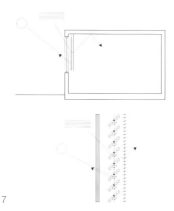

7

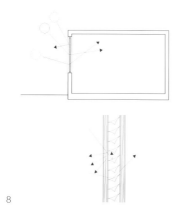

8

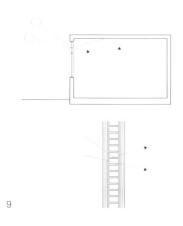

9

Prismenplatten in Doppelglasscheiben
Auch die Prismenplatten nutzen die Totalreflexion im Acryl: Während das direkte Sonnenlicht wieder nach außen reflektiert oder gegen die Decke des Raumes gelenkt wird, kann das diffuse Himmelslicht das Material passieren. Die Prismenplatten werden im Fensterbereich und im Oberlichtbereich eingesetzt. Hier lassen sie sich zu bis zu drei Lagen mit verschiedenen Prismengeometrien und teilweiser Spiegelbedampfung der Prismenflanken kombinieren, um Sonnenschutz, Blendschutz und Umlenkung für die verschiedenen Sonnenstände zu gewährleisten. Solch ein Paket ist teuer und schluckt sehr viel Licht, daher suchten die Lichtplaner nach weiteren wirksamen Prinzipien. Einfacher sind die Prismenlamellen, die beweglich, ähnlich wie Jalousien, waagerecht oder senkrecht montiert sind (Abb. 7).

Spiegelprofile in Doppelglasscheiben
Auch Spiegelprofile können sich innerhalb der Doppelglasscheibe befinden. Die unterschiedlich parabolisch geformten Spiegelflächen sind so zueinander angeordnet, dass sie flach einstrahlendes Sonnenlicht im Winter hindurchlassen, während in der warmen Sommerzeit die steil einfallende Strahlung ausgeblendet wird (Abb. 8). Die Profile sind starr und unterschiedlich für die verschiedenen Himmelsrichtungen und Einbauarten ausgelegt. Sie werden im Fassaden- und Dachbereich eingesetzt.

Laser Cut Panels (LCP)
LCP werden als starres System innerhalb von Doppelglasscheiben im Oberlichtbereich oder als drehbare Elemente vor einer Fassade benutzt. Sie lenken Sonnenlicht an der Oberfläche kleiner, mit Laser hergestellter Einschnitte einer Acrylglasscheibe um (Abb. 9). Alle diese Systeme stören leider die Sichtbeziehung

nach draußen mehr oder weniger, daher kommen sie praktisch nur im Dach oder als Oberlicht vor.

Holographisch-optische Elemente (HOE)
HOE bestehen aus einem holographischen Film, der in Verbundglas eingelegt ist und Licht umlenkt. Die bei der Lichtbrechung auftretende störende Zerteilung in die Spektralfarben wird durch eine leicht streuende Eigenschaft des Glases weitgehend kaschiert. HOE können das Licht nur in begrenzten Winkelbereichen umlenken, man setzt daher unterschiedliche HOE neben- oder übereinander ein.

Die Elemente lenken in der Fassade im oberen Fensterbereich oder im Dachoberlicht direktes Sonnenlicht um. Sie dienen mit der dafür vorgesehenen Optik als Sonnenschutz.

Heliostaten
Heliostaten sind Spiegel, die dem Sonnenlauf folgen und ihre Strahlen immer in die gleiche Richtung umlenken. So lässt sich das Sonnenlicht weiterleiten, z.B. vom Dach eines Hauses durch einen Innenhof in untere Geschosse (Abb. 4, 5). Herkömmliche Heliostaten müssen in zwei Richtungen nachgeführt werden, denn

10

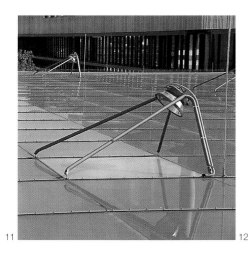
11

12

die Sonne wandert von Osten nach Westen und verändert sich gleichzeitig in ihrer Höhe. Die Mechanik von Heliostaten muss gewartet werden und ihre Wirkung ist abhängig von der Größe des lichteinfangenden Spiegels. Der abgebildete Heliostat ist ein asymmetrischer Parabolspiegel, der in Segmente aufgeteilt ist und in eine Doppelglasscheibe gelegt wurde. Er muss sich während eines Tages nur um seine eigene Achse drehen, die Mechanik ist also einfacher als bei herkömmlichen Heliostaten. Die Umlenkung direkten Sonnenlichtes in Räume kann zu erstaunlich brillanten Effekten führen, aber natürlich nur dann, wenn die Sonne scheint. Viele Systeme haben ungewollte optische Nebeneffekte wie die Zerlegung des weißen Sonnenlichtes in seine Spektralfarben. Außerdem bilden manche Systeme eigene Muster: Wenn sich die Streifigkeit der Prismen, die Quadrate einzelner Platten oder die Schwalbenschwanzverbindungen der Platten abzeichnen, passt das nicht zu jedem Gebäude.

Die Ansätze der vorgestellten Tageslichtsysteme müssen weiter entwickelt werden. Häufig genügen einfache Anordnungen, um eine durchdachte Tageslichtführung in Räumen zu schaffen. Voraussetzung für eine fundierte Tageslichtplanung ist die frühe Einbindung des Lichtplaners in den Entwurf.

Tageslichtsimulation am Modell
Neben Computersimulationen erlauben Modelle differenzierte Aussagen zum Tageslicht. Um die Sonne zu simulieren, benutzt man eine Lichtquelle mit parallel verlaufenden Lichtstrahlen. Die Parabolspiegel, die diesen Strahlengang erzeugen, sind meistens zwischen 60 und 100 cm im Durchmesser. Diese Größe darf das Modell nicht überschreiten, wenn es komplett »besonnt« werden soll.

Nun lässt sich die künstliche Sonne so einstellen, dass jeder gewünschte Ort und jede gewünschte Zeit simuliert werden kann, sogar ganze Tagesabläufe lassen sich im Zeitraffer abfahren. Für das Neue Mercedes-Benz Museum (Abb. 6, siehe auch S. 57ff.) ergänzen sich Modellsimulationen im Maßstab 1 : 24 mit Computerberechnungen. Das geometrisch sehr komplexe Gebäude eröffnet aus bestimmten Blickwinkeln überraschende Durchblicke und verblüffende Lichteinfälle. Im Übergang von dunkleren zu tageslichtbestimmten Museumsräumen untersuchten wir die Leuchtdichten der Fassaden – also die Blendungserscheinungen – sehr genau, auch für Zeiten mit bewölktem Himmel. Außerdem war es wichtig zu erfahren, wie tief das direkte Sonnenlicht in die Ausstellungsfläche fällt und wie weit das zentrale Atrium die Räume mit Tageslicht versorgt. Im Winter steht die Sonne tief und strahlt fast in den gesamten Raum, im Sommer erhält nur der Fassadenbereich direktes Sonnenlicht. Während die Computer-Renderings exakte Tageslichtquotienten, Beleuchtungsstärken und Leuchtdichteverläufe liefern, verschafft das Modell einen unmittelbaren Eindruck der Räume und der zu erwartenden Atmosphäre, selbst wenn sich Materialoberflächen und Reflexionsgrade noch geringfügig ändern.

Tages- und Kunstlicht für die Eingangshalle der Universität Bremen
In der neuen Eingangshalle der Universität Bremen nutzen wir Tageslichttechniken zur Umlenkung von Tages- und Kunstlicht. Der Campus besteht aus etlichen Waschbetongebäuden aus den 70er-Jahren, deren Äußeres nicht dem Bild eines modernen Universitätsbetriebes entspricht. Da eine zentrale Eingangshalle fehlte, plante das Büro Alsop + Störmer eine gläserne Halle, die Räume zwischen bestehenden Gebäuden nutzt,

7 Prismenplatten hinter Verglasungen
8 Spiegelprofile in Isolierglasscheiben
9 Laser Cut Panels
10–12 Eingangshalle der Universität Bremen, 1998
Architekten: Alsop + Störmer, Hamburg
Lichtplanung: ULRIKE BRANDI LICHT

14

15

sie mittels eines »Boulevards« verbindet und veredelt (Abb. 10). Die Scheiben des Daches sind mit einer orangefarbenen Rasterbedruckung versehen, einige wenige sind jedoch klar und transparent. In diese transparenten Gläser sind holographisch-optische Elemente eingelegt, die das Licht außenliegender Strahler in die Halle leiten. Der freie Luftraum der Halle bleibt so von objekthaften Leuchtenkörpern unangetastet. Fünf Strahler auf dem Glasdach gewährleisten die Grundbeleuchtung der Halle bei Nacht (Abb. 11,12). Die Wartung der Leuchten ist, trotz der Hallenhöhe, problemlos möglich. Die holographisch-optischen Elemente (HOE) lenken den von außen konzentriert einfallenden Lichtstrahl nicht nur um, sondern fächern ihn auf, um ihn dann in verschiedenen Farben auf den Boden der Halle zu projizieren. Die HOE werden durch die Belichtung eines holographischen Films mit einem Interferenzmuster von Laserstrahlen hergestellt.

Nach Entwicklung dieses Films erzeugt das Interferenzmuster unterschiedliche Brechungsindizes in durchgängiger Anordnung. Das Licht kann somit auf jede spezielle Situation abgestimmt und umgelenkt werden. Die HOE werden, wie die Folienzwischenlage bei herkömmlichen Verbundsicherheitsgläsern, zwischen die Glasscheiben eingebettet. Das Verbundsicherheitsglas mit HOE-Zwischenlage vereint die bekannten Eigenschaften und Vorteile eines herkömmlichen Verbundsicherheitsglases mit der neuen Möglichkeit der Lichtlenkung. Zusätzliches Objektlicht, das einzelne Bereiche hervorhebt, ergänzt das allgemeine Licht. Die markanten V-förmigen Stützen erhalten eng gebündeltes Licht, wodurch die Tragstruktur beige-dimmter Grundbeleuchtung nach außen hin ablesbar ist. Zwischen den hellen und dunklen Flächen der Wandscheiben der Treppenanlage entsteht ein lebendiges Wechselspiel. Die hintere

13

16

13 Bürogebäude der LVA, Hamburg, 2002
    Architekten: Schweger und Partner, Hamburg
    Lichtplanung: ULRIKE BRANDI LICHT
14 Standardbüro Westseite
15 Leuchtdichte bei offenem Blendschutz
16 Leuchtdichte bei geschlossenem Blendschutz
17 Duplex-Lamellen, gelocht und beschichtet

Ulrike Brandi, Diplom-Designerin, ist Geschäfts-
führerin des 1986 gegründeten Büros ULRIKE BRANDI
LICHT in Hamburg, das Planungs- und Beratungsleis-
tungen für Kunstlicht und Tageslicht anbietet.
Zahlreiche Vorträge und Veröffentlichungen, u.a.:
»Lichtbuch – die Praxis der Lichtplanung«.

Wand ist mit schwarzem Schiefer verklei-
det. Die vordere Wandscheibe, deren
obere Kantenfläche belichtet ist, überlagert diese dunkle Fläche. Zusätzliche
Wandeinbauleuchten erhellen die großzügigen Treppen mit direktem Licht in
den Randbereichen. Locker verteilte Dio-
denlichtpunkte im Boden markieren die
Hauptverkehrswege.

*Tageslichtplanung für die Hauptverwaltung
der Landesversicherungsanstalt in Hamburg*
Das Gebäude öffnet sich zu allen Himmelsrichtungen. Eine diagonale Magist-
rale durchschneidet einen großzügigen
Innenhof. Mit dem Neubau erhielt die Landesversicherungsanstalt ein Gebäude,
das Funktionaliät und Aufenthaltsqualität
verbindet (Abb. 13). Offene Sicht- und
Wegebeziehungen schaffen einen Raum
der Kommunikation. Die Tageslichtkonzeption ordnet sich diesem Prinzip unter.
Ziel war es, den Komfort der Innenräume
zu maximieren und die natürlichen Ressourcen des Tageslichtes optimal zu nutzen. Eine helle, gleichmäßige und farbneutrale Ausleuchtung eines Raumes mit
Tageslicht an möglichst vielen Stunden
des Tages war gefordert. Da alle Büros
mit Bildschirmarbeitsplätzen ausgestattet
sind, stellte sich nicht nur die Frage, ob
überall ausreichend Tageslicht einfällt;
auch das direkt einstrahlende Sonnenlicht
und die Leuchtdichten, die an den Fenstern durch Himmelslicht entstehen, muss-
ten genau untersucht werden. Alle Räume
sind sowohl nach außen als auch nach
innen komplett verglast. Zusätzlich wirken
die Fenster des Innenhofes zum Teil wie
Spiegel für die gegenüberliegenden Büroräume, sodass selbst nach Norden aus-
gerichtete Büros direktes Sonnenlicht
erhalten können. Wir untersuchten die
Tageslichtsituation für ein Standardbüro
in der Außenzone (Westseite) des Gebäudes (Abb. 14). Die kritischen Blendungen
in diesem Raum entstehen durch direkt

einfallendes Tageslicht, den Kontrast von
hellen zu dunklen Flächen oder durch
Reflexionen. DIN 5034-1 und die EU-Richtlinie für Bildschirmarbeitsplätze nennen
folgende Ziele:
• guter Blendschutz, d. h. nicht mehr als
  400 cd/m^2 auf der Fensterfläche
• gute Durchsicht, für die psychologisch
  wichtige Beziehung zum Außenraum
• gute Nutzung der natürlichen Tageslicht-
  Ressourcen durch Tageslichtlenkung
• hohe Tageslichtautonomie, d. h. lange
  Nutzungsdauer ohne Kunstlicht

Gemeinsam mit den Architekten und den
beteiligten Fachingenieuren entschieden
wir uns für eine innenliegende Jalousie
mit konkaven, einseitig perforierten 80 mm
Duplex-Lamellen, die einen Lochanteil
von etwa 6 % und einen Lochdurchmes-
ser von etwa 0,7 mm haben. Die Lamellen
sind auf der Rückseite in RAL 7030
beschichtet und haben einen Glanzgrad
von ca. 10 bis 20 % (Abb. 17). Den Beob-
achterstandpunkt näherten wir mit einem
Abstand von 2,50 m (Höhe 1,15 m) vom
Fenster einem sitzenden Nutzer an. Zur
Ermittlung eines aussagekräftigen Tageslichtquotienten setzten wir als Lichtquelle
das rotationssymmetrische CIE Himmelsmodell an, wie es in DIN 5034-2 definiert
ist. Nur für dieses Himmelsmodell ergeben sich reproduzierbare Beleuchtungsverhältnisse im Innenraum. Daneben ist
jedoch auch die Beurteilung von
Blendungserscheinungen wichtig. Die
Simulation zeigt, dass bei geschlossenen Lamellen im primären Blendbereich
(horizontale Blickrichtung zum Fenster)
die geringsten Leuchtdichten auftreten.
Der nach EU-Richtlinie geforderte Maxi-
malwert von 400 cd/m^2 wird unterschritten. Die Gegenüberstellung zeigt deutlich
die unterschiedlich hohen Leuchtdichten
mit geöffnetem und geschlossenem
Blendschutz (Abb. 15, 16). Zur Vermeidung von störenden Reflexen auf den

Monitoren müsste also der Nutzer die
Lamellen vollständig schließen, sobald die
Sonne auf die Fassade scheint. Dann
sänke jedoch die Beleuchtungsstärke
bei fast allen Tageslichtsituationen unter
300 Lux. Der DIN EN 12464 entsprechend
müsste somit Kunstlicht eingeschaltet
werden. Um dies zu vermeiden, nutzen
wir das obere Viertel des Fensters zur
Tageslichtlenkung. Der offenere Anstell-
winkel der Lamellen lenkt das Tageslicht
gegen die Decke, diese reflektiert es in
die Tiefe des Raumes. Die Beleuchtungsstärke im Inneren steigt auf ca. 300 Lux
und verteilt sich gleichmäßiger als vorher.
In der LVA können die Mitarbeiter ihre
bevorzugten Tageslichtsituationen raumweise einstellen. Während der Kernar-
beitszeiten von 9.00 bis 17.00 Uhr kommen die Arbeitsplätze weitgehend mit
natürlichem Licht aus (Tageslichtautonomie von ca. 85 %), so dass der Energie-
aufwand für Kunstlicht und dessen Wär-
meabfuhr sehr gering ist.

17

Licht für die Stadtwerke in Schönebeck

Ulrike Brandi

1

Die Stadtwerke in Schönebeck wünschten sich ein energieoptimiertes neues Gebäude. Dazu trägt eine geschickte Tageslichtplanung ebenso bei, wie sie für die Verbesserung der Lichtqualität an den Arbeitsplätzen sorgt.

Die ökologische Zielsetzung, die starke Verkehrsbelastung des Standorts und baurechtliche Vorgaben führten zur Ausführung eines kompakten Baukörpers, der sich nach innen orientiert. Eine Glashalle, die von zwei massiven Gebäudeteilen flankiert wird, bildet sowohl funktional wie energetisch und tageslichttechnisch das Zentrum des Gebäudes. Hierhin orientieren sich alle Büros, Tresenarbeitsplätze und Aufenthaltsbereiche (Wartezonen und Ausstellungsbereich im Erdgeschoss, Cafeteria im 1. Obergeschoss und ein Saal im 2. Obergeschoss), während die untergeordneten Nutzungen wie Sanitärbereiche, Kopierer- und Abstellzonen als »Puffer« in den Außenzonen der massiven Gebäudeteile angeordnet sind.

Tageslicht

Wir untersuchten in einer Studie die Lichteinstrahlung durch das verglaste Atrium (Abb. 2–7). Es war zu klären, ob die Arbeitsplätze gut mit Tageslicht versorgt werden, ob die einstrahlende Sonne zu unakzeptabler Blendung und Aufheizung führen würde und welche Maßnahmen unter Umständen zur Verbesserung beitragen könnten.

Dabei wurde deutlich, dass sich die Ost-West-Orientierung der Halle und die Neigung des Glasdaches nach Süden in Verbindung mit dem Nutzungskonzept grundsätzlich positiv auswirken. Die überwiegend steil durch die Dachverglasung einfallende Sonne ermöglicht die gewünschten solaren Gewinne und eine lebendige Lichtfülle im Atrium, führt jedoch nur zu geringen Beeinträchtigungen an den Arbeitsplätzen, da sie im Wesentlichen auf Verkehrsflächen trifft. Der Einsatz

farbneutraler Sonnenschutzgläser und eine Bedruckung der Gläser im Dachbereich (weißes Punktraster mit 30 % Abschattung) reichen aus, um im Zusammenwirken mit der thermischen Speicherfähigkeit der massiven Bauteile und einem entsprechenden Lüftungskonzept eine angenehme Raumatmosphäre zu gewährleisten. Auch bei der eher problematischen Westverglasung an der Eingangsseite (tief stehende Sonne am Nachmittag) konnte nachgewiesen werden, dass außer Sonnenschutzgläsern keine zusätzlichen Maßnahmen wie beispielsweise außenliegende Lamellen erforderlich sind. Begünstigend wirkt dabei ein Detail im Grundriss: der Aufzugsturm neben dem Eingang und der vorspringende Erker schirmen die dahinter liegenden Bürozonen gegen Blendung ab. Auch vermeidet die Ausrichtung der Bildschirmarbeitsplätze zur Halle hin Blendungseffekte, da das Licht seitlich einfällt und nicht frontal oder von hinten auf den Bildschirm trifft.

Wir untersuchten auch die Möglichkeiten zur Lenkung von mehr Tageslicht in das Gebäude. Gerade die Westfassade mit den dahinter liegenden Büroarbeitsplätzen würde sich gut für eine Tageslichtumlenkung durch holographisch-optische Elemente oder Lichtlenklamellen im Zwischenraum einer isolierten Doppelverglasung eignen. Die Kosten-Nutzen-Analyse ergab hierfür jedoch keine überzeugenden Ergebnisse. Denn das zentrale Atrium der Stadtwerke Schönebeck erhält durch seine vorteilhafte Geometrie während der Hauptarbeitszeiten soviel Tageslicht, dass das Kunstlicht nur sehr selten angeschaltet werden muss.

Die Idee der lichtdurchfluteten Glashalle als grüne Mitte des Gebäudes konnte also mit relativ geringem technischen Aufwand umgesetzt werden, nicht zuletzt deshalb, weil bereits in der Entwurfsphase die Erkenntnisse der Tageslichtanalysen berücksichtigt wurden.

Bauherr: Stadtwerke Schönebeck
Architekten: Günther Haß und
Stefan Rimpf, Eckernförde
Kunst- und Tageslichtplanung:
ULRIKE BRANDI LICHT

1 Stadtwerke Schönebeck, Westfassade
2–4 Die Schnitte stellen anhand des Lichteinfallswinkels die direkte Sonneneinstrahlung durch das südorientierte Glasdach im Jahres- und Tagesverlauf dar. Es zeigt sich, dass im Bereich der Arbeitsplätze so gut wie keine optischen Beeinträchtigungen auftreten, da die Sonnenstrahlen überwiegend auf Verkehrsflächen treffen.
5–7 Im Grundriss kann die Sonneneinstrahlung an der Ost- und Westfassade überprüft werden: Die Sonne trifft überwiegend seitlich, also weder frontal noch von hinten, auf die zur Glashalle ausgerichteten Bildschirmarbeitsplätze und verursacht nur geringfügige Blendung. Bauliche Verschattungen (durch Aufzugsturm und Gebäudevorsprung) halten die kritische, tiefstehende Sonne zu großen Teilen von den Arbeitsplätzen fern.

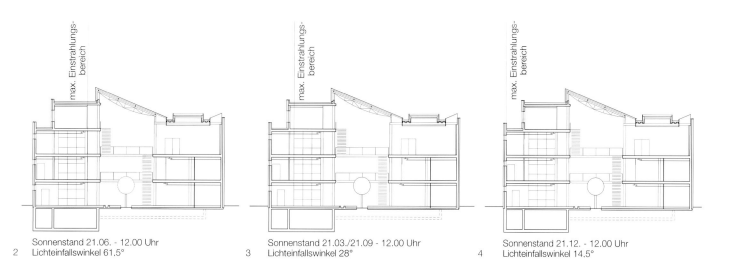

Sonnenstand 21.06. - 12.00 Uhr
2 Lichteinfallswinkel 61,5°

Sonnenstand 21.03./21.09 - 12.00 Uhr
3 Lichteinfallswinkel 28°

Sonnenstand 21.12. - 12.00 Uhr
4 Lichteinfallswinkel 14,5°

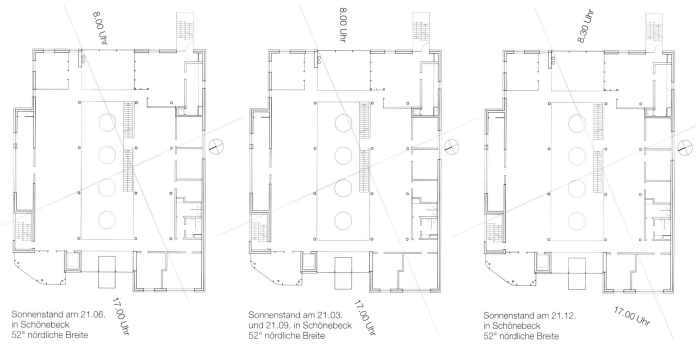

Sonnenstand am 21.06.
in Schönebeck
52° nördliche Breite

Sonnenstand am 21.03.
und 21.09. in Schönebeck
52° nördliche Breite

Sonnenstand am 21.12.
in Schönebeck
52° nördliche Breite

5 6 7

8a

b

Kunstlicht

Die Halle

Der Lichteindruck in der großzügigen Halle entsteht auch durch die Beleuchtung in den beiden flankierenden Bürotrakten. Helle Deckenuntersichten weiten das Atrium optisch und machen die Räume freundlich. Eine maßlich und formal reduzierte Pendelleuchte schafft mit ihrer Kombination von Direkt- und Indirektlicht eine helle Decke sowie ein differenziertes, angenehmes Arbeitslicht. Die Leuchten wirken in der Anordnung senkrecht zur Hallenachse schmal und lassen den Blick in die Tiefe der Räume frei.

Die Galerien erhalten als Verkehrszonen ein anderes Licht als die Büros: Deckenaufbauleuchten mit weich abstrahlendem Diffusglas sind als Lichtquelle sichtbar und reihen sich unter den Galerien. Die Pendelleuchten, die das Allgemeinlicht in der Halle schaffen, stören den Raumeindruck nicht. Sie haben einen sachlichen und technischen Charakter.

Die Wandscheiben im westlichen Eingangsbereich erhalten durch Bodeneinbauleuchten Licht von unten und durch Anbaustrahler Licht von oben, sodass der Eingang zusätzlich betont wird.
In der Abendstimmung zeichnen kleine Strahler unter dem Glasdach die Träger des Daches nach und markieren damit den Abschluss des Raumes. Bodeneinbaustrahler schaffen mit dem Anstrahlen der Bäume eine besondere Atmosphäre für Abendveranstaltungen.
Lichtpunkte im Wasserbecken verdeutlichen die Bewegung der Wasseroberfläche als spielerisches oder lebendiges Element, das sich auch nach außen hinzieht.

Die Bürobereiche

Das Licht der Bürobereiche durch die abgependelten Leuchten ist oben bereits beschrieben. Deckeneinbaudownlights, die nur als runde Lichtöffnungen zu sehen sind, ergänzen diese. Die Rückwände der Büroräume erhalten dadurch Streiflicht von oben und wirken als raumbegrenzendes Element in die Halle hinein. Der vollverglaste nordwestliche Gebäudeteil wirkt durch die Fassadenhinterleuchtung in den Straßenraum hinein.

Der Saal

Zwei Lichtsysteme, beide in die Decke integriert, schaffen das eher sachliche Licht für Besprechungen und Vorträge einerseits und das eher festliche Licht für abendliche Veranstaltungen andererseits. Letzteres kommt aus dimmbaren Einbaudownlights, das erstere reflektiert über großflächige weiße Reflektoren in der Leuchte in den Raum. Leuchten mit Kompaktleuchtstofflampen verstärken ihre Wirkung. Eine unsichtbar untergebrachte Lichtlinie entlang des Oberlichts und des Fensterbands an der Außenwand betont diesen Bereich am Abend.

Cafeteria

Downlights mit opaler Abdeckung schaffen im Wechsel mit Pendelleuchten ein atmosphärisches Licht in der Cafeteria. Im Galeriebereich setzt sich bewußt die Galeriebeleuchtung fort, um den klaren Eindruck von der Halle aus zu erhalten. Die zugehörigen Sanitärbereiche erhalten ihr Licht aus diffus abstrahlenden Deckeneinbauleuchten in Kombination mit zwei senkrechten seitlich angebrachten Spiegelleuchten. Die Nebenräume sind durch Langfeldleuchten mit opaler Abdeckung beleuchtet.

Außentreppen

Wandeinbauleuchten hellen die Untersichten der darüberliegenden Treppe großflächig auf und spiegeln ihre Vertikalität nach außen wieder.

Die eingesetzten Leuchtmittel sind überwiegend Leuchtstoff- und Hochdruckentladungslampen, sowie Leuchtdioden, die sparsam im Energieverbrauch und wartungsfreundlich sind. In einigen Bereichen sind zusätzlich Leuchten mit Halogenglühlampen eingesetzt und sorgen für besonders brillantes Licht.
Die Leuchten sind über ein EIB-System zentral steuer- und regelbar.

8 a, b Stadtwerke Schönebeck, Atrium
Mit entscheidend für die Lichtatmosphäre in der Halle war die Auswahl des Sonnenschutzglases: Nur farbneutrales Glas verhindert, dass die natürlichen Farben und auch die Kunstlichtfarben verändert werden und unerwünschte Effekte (häufig: Grünstich) auftreten.
Die Bedruckung der Dachverglasung mit einem feinen, weißen Punktraster leistet eine Abschattung von 30 % der Fläche, ist von unten jedoch kaum wahrnehmbar und stört die Durchlässigkeit des Glases wenig.

Licht und Schatten – Entwurf einer Kirche

Christina Augustesen

Einen Entwurf am Tageslicht auszurichten bedeutet, ihn gleichzeitig mit der Lebendigkeit der Schatten zu verbinden. Schatten können ein starkes, bisher aber noch zu wenig beachtetes Entwurfselement sein. Je nach Lichteinfall können sich Schatten bewegen, intensivieren oder im Auge des Betrachters unterschiedliche Farbwirkungen hervorrufen. Während das meist statische Kunstlicht eher einer Momentaufnahme gleicht, sind die sich ständig verändernden Lichtstimmungen lebendig.

Was ist ein Schatten?
Ein Schatten ist, so heißt eine Metapher, »ein Loch im Licht, etwas Absentes«. Das Licht scheint abwesend, aber der Schatten beweist die Existenz des Lichts durch seine Negierung.
In der Umgebung der Schatten hat das Licht nur eine Richtung. Der Schatten erzählt von der Erscheinung der Objekte, die ihn werfen. Das führt zu aktiven Momenten der Wahrnehmung, obwohl der Schatten passiv ist. Das Objekt erzeugt den Schatten, und bewegt sich das Objekt, verändert sich der Schatten, nicht umgekehrt. Schatten sind immer zweidimensional, sie treffen auf Flächen auf, die durchaus räumlich angeordnet sein können. Ist auf einer Waagerechten der Platz für den Schattenwurf nicht ausreichend, überträgt sich der Schatten auf dahinter platzierte geneigte oder senkrechte Flächen. Der Schatten hat also keine vorab bestimmte Richtung und keine vordefinierte Gestalt, er kann sich »anschmiegen«.

Wenn der Schatten auf verschieden positionierte, beispielsweise waagerechte oder senkrechte Oberflächen fällt, entsteht in der Wahrnehmung ein jeweils eigener Raumeindruck. Licht und Dunkelheit erzeugen unterschiedliche Raumwirkungen. Räume, die durch bewegliche Schatten leben, sind differenzierter wahrnehmbar als Räume mit fixiertem Licht.

Die Erscheinung des Schattens ist flüchtig und ändert sich schnell. Der Schatten folgt dem Lichtgeschehen und intensiviert sich parallel mit dessen Ausdrucksfähigkeit. Ein direkter Sonnenstrahl zeichnet eine scharf umrissene Silhouette, das diffuse Licht des bedeckten Himmels erlaubt fast keine Schattenbildung. Wenn das Tageslicht verschwindet, geht auch der Schatten und der beleuchtete Raum behält nunmehr seine Konturen bei.

Der Schattenraum resultiert aus dem Sonnenlicht, das durch die Fenster mit ihren Sprossen, über die Möbel, die Farben und Oberflächen in die Räume fällt. Die Schatten ändern sich je nach dem Stand des Sonnenlichtes, folgen seinen Sequenzen. Dazu treten die bewegten Schatten der Besucher. Ihre Schatten überlagern die Schatten der Objekte im Raum und können mit ihnen zu einem Abbild verschmelzen.
Einige Schattenwürfe kann man vorausberechnen. Andere Schatten ändern ihre Form aber sehr schnell und sie bleiben für das Auge fortwährend rätselhaft und damit faszinierend.

Das Rätselhafte der Schatten und die Qualitäten des Tageslichtes waren die Inspirationsquelle für den Entwurf der Kirche im dänischen Trekroner.

1–4 Lichstudien am 3D-Computermodell waren während des Gestaltungsprozesses ein wichtiges Instrument zur Untersuchung verschiedener Entwurfsvarianten.
5 Querschnitt Richtung Altar
6 Querschnitt Richtung Orgel
7 Grundriss
8 Längsschnitt

Konzept

Der Kirchenraum ist einfach gegliedert. Er
erhält sein Leben durch den Lichteinfall
und die daraus resultierenden, sich stets
ändernden Schattenwürfe. Der Entwurf
folgt damit einem traditionellen Prinzip
der Sakralarchitektur.

Das Licht als eine mögliche Metapher
erschließt den Kirchenraum für den Gläu-
bigen als irdische Manifestation der Gottesidee; es beschreibt den Zyklus des
Lebens in einem täglich wiederkehren-
den Rhythmus des Lichteinfalls mit immer
neuen Variationen. Dabei ist der Raum
als »schützende Hülle« erdacht, um den
Besuchern geborgene Andacht und Konzentration zu ermöglichen. Das Universum ist dabei durch die vom Sonnenlicht
erzeugten Schatten gegenwärtig.
Rhythmus und Wiederholungen sind wichtige Größen für Christen, um zu sich selbst
und zur Gottesidee ein tiefes Verhältnis
zu finden. In diesem Sinne ist der Entwurf
traditionell: Der Rhythmus der Konstruktion
erschafft im Innenraum Licht und Schatten in einem Zyklus sich täglich erneuern-
der Nuancen.

Licht und räumliche Struktur

Die Lage der Kirche orientiert sich entsprechend der christlichen Tradition an den
Himmelsrichtungen: Die Längsfassaden
sind nach Norden und Süden gewandt,
die Vorhalle nach Westen, der Chor nach
Osten.

Von außen gesehen hat die Kirche die
Form eines gläsernen Kubus, der von den
geschlossenen Kopfbauten der Vorhalle
(14 m hoch) und des Chores (19 m hoch)
eingefasst wird.

Im Innern wölbt sich die tragende Holzkonstruktion wie eine lichtdurchbrochene
Schale um den Kirchenraum, dessen Wirkung sich durch die entstehenden Schatten ständig wandelt. Das untere Drittel
des Raumes wird durch eine schwere
Betonkonstruktion gefasst, an deren

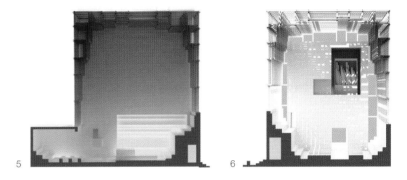

5   6

a   Vorraum
b   Taufe
c   Kapelle
d   Altar
e   Sakristei

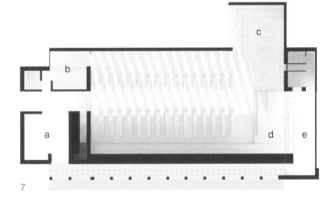

7

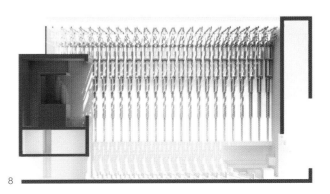

8

Licht und Schatten

Sonnenlicht Richtung Altar

| Juni | 8.00 Uhr | 10.00 Uhr | 12.00 Uhr | 14.00 Uhr |

Sonnenlicht Richtung Orgel

| 9 Juni | 8.00 Uhr | 10.00 Uhr | 12.00 Uhr | 14.00 Uhr |

Längsseiten sich 4 bzw. 5 m hohe Abstufungen befinden, die man als Seitenschiffe ansehen kann. Die Stufen können als zusätzliche Sitzgelegenheiten genutzt werden und bilden im südlichen Teil eine Galerie, die man vom Vorraum aus erreicht.

Die opaken Teile der Innenwände dienen als Projektionsflächen für die entsprechenden Schatten und lenken den Blick zum Himmel.

Der geschlossene Baukörper im Westen birgt einen Vorraum, den Taufbereich und den Aufgang zur Empore einschließlich der Orgel. Ein Oberlicht beleuchtet die Treppe und akzentuiert den Vorraum. Von der Taufkapelle aus hat man durch eine Verglasung den unmittelbaren Blick in die Kirche und auf die Nordfassade. Im Osten befinden sich der Zugang zur Kanzel und die Sakristei mit einem zusätzlichen Raum für den Geistlichen. Durch ein großes Fenster in der Ostfassade fällt das Licht auf eine Reihe von Lamellen in der Trennwand zwischen Sakristei und Kirchenraum. So wird der Altarraum je nach Einfallswinkel des Lichts indirekt beleuchtet. Hinter den Licht reflektierenden Lamellen kann man auch nach außen gelangen, in die Arkaden entlang der Südseite. Ihrem Wesen

nach bilden sie den Übergang vom Innen- in den Außenraum und dienen dem Aufenthalt vor und nach dem Gottesdienst. Der Geistliche kann aus der Sakristei auch direkt hierher gelangen, um den Platz für einen Gottesdienst unter freiem Himmel zu nutzen.

Im Nordosten der Kirche ist eine kleine Kapelle untergebracht. Sie erhält direktes Nordlicht. Dieses Licht schafft den notwendigen Kontrast zu dem durch die transluzente Fassade und Decke diffundierenden Licht im eigentlichen Kirchenraum. Aus der Kapelle heraus blickt man direkt auf den Waldgürtel an der Nordseite des Grundstückes.

Die beiden bestimmenden Materialien im Innenraum sind Beton und Holz. Der Sichtbeton von Wand und Boden vermittelt Sicherheit und Schwere zum »Schutz« der Kirchgänger vor der Umwelt. Seine polierte Oberfläche reflektiert das Licht. Die Stofflichkeit der leichten Holzkonstruktion verleiht dem Kirchenraum eine warme, organische Atmosphäre.

Tageslicht
Der Kirchenraum ist in ein mildes, zartes Tageslicht getaucht, das sich durch das Zusammenspiel der transluzenten Glasfassade und der Glasdecke ergibt. Allein die Glasscheiben in der Westfassade und die Fenster der kleinen Kapelle bestehen aus transparentem Glas.
Die Außenhaut der Kirche filtert große Mengen von Licht und erschafft gleichzeitig das im Tagesverlauf variierende Schattenspiel im Innern der Kirche. An einem sonnigen Tag im Juni beispielsweise ergeben sich folgende Lichtsituationen:

Die Morgensonne scheint von Osten durch die großen Fenster in die Sakristei, wird durch die horizontalen Lichtlamellen reflektiert und erscheint im Kirchenraum als goldenes, weiches Licht, das als »Lichtteppich« hinter dem Altar im Chor steht. Im Laufe des Gottesdienstes bewegt sich die Sonne Richtung Süden, und durch die Träger aus Holz werden im Innern der Kirche, quer zum Raum, lange Schatten erzeugt. Mittags sieht man noch weißliches Licht im Chor, an der Wand der Kirchenvorhalle erlebt man ein »Meer« von Licht- und Schattenflecken. Das Licht nachmittags zeichnet neue und längere Schatten Richtung Altar, »umarmt« den

16.00 Uhr   18.00 Uhr   20.00 Uhr   Dezember   10.00 Uhr

16.00 Uhr   18.00 Uhr   20.00 Uhr   Dezember   10.00 Uhr

Raum in Richtung Westen und füllt fast den gesamten Raum mit Licht. Die niedrigen Schatten strecken sich an den Nord- und Südwänden entlang und betonen die Waagerechten der Podeste. Die rötlichen und lilafarbenen Nuancen des kommenden Sonnenuntergangs schimmern durch die transparente Westfassade und färben die Holzständer mit diesen Lichtfarben. Der Sonnenverlauf gestaltet immer neue Schattenräume in der Kirche. Die Intensität des Schattens nimmt entsprechend der Bewölkung zu oder ab. Der Kirchenraum kann auch einen Augenblick »schattenleer« sein, nur ein nackter Raum ohne gerichtetes Licht, doch wenig später wird die Lichtsituation wieder anders sein.

Im Winterhalbjahr sind die Tage im Nordens Europas kurz. Die niedrig stehende Sonne erzeugt lange Schatten und damit auch andere Schattenräume. Die hohe geschlossene Wand der Südfassade verhindert im Winter Schattenbildungen auf dem Boden. Die gedämpfte Lichtstimmung des Winters ist durch die transparente Haut der Kirche auch im Innern wahrnehmbar. Im Chor sieht man das Licht noch, aber zu anderen Zeiten als im Sommer, nicht während der Eucharistie.

Kunstlicht
In manchen Jahreszeiten sowie morgens und abends reicht das Tageslicht nicht, um den Kirchenraum zu beleuchten, daher ist auch Kunstlicht notwendig. Die Lichtqualitäten von Tageslicht und Kunstlicht sind unterschiedlich. Für die künstliche Beleuchtung wurde daher ein eigenständiges Konzept entwickelt. Der Kirchenraum ist dann bewusst anders beleuchtet, umgesetzt ist ein eigenes Lichtkonzept, das die Installation von Leuchten in den Bänken, in der Holzkonstruktion und hinter dem Altar vorsieht.

Drei dimmbare Spots bilden die Grundbeleuchtung der Holzträgerkonstruktion. Das Licht verliert sich entlang der Sparren, so dass der obere Kirchenraum im Dunkel verschwindet. Die Lamellen der Altarwand werden mit ebenfalls dimmbaren Spots hinterleuchtet, so dass man die Helligkeit des Altarraumes dem Anlass entsprechend gestalten kann. Das Licht an den Bänken ist ein reines Leselicht. Die Lichtfarben aller Leuchten sind warmweiß, um den Eindruck von möglichst viel Geborgenheit zu vermitteln.

Auch Kunstlicht erzeugt Schatten, die jedoch statisch sind, weil sich die Licht-

quelle nicht bewegt. Sie können diffus oder kontrastvoll sein in Abhängigkeit der Kraft und Position der sie erzeugenden Lichtquellen. Die Schatten, die hier durch Spots in der Holzkonstruktion entstehen, sind jedoch diffuser als die durch das Sonnenlicht erzeugten.

Da die verschiedenen Lichtsituationen mit den ihnen eigenen Rhythmen zur Gestaltfindung dieses Baues führten und nicht wie üblich Licht später zur Gestalt addiert ist, ist hier ein Entwurfsprinzip umgesetzt, das der Bedeutung des Lichtes für die Architektur gerecht wird: »Es gibt keinen Raum ohne Licht und es gibt keine Form ohne Licht. Was ist Architektur ohne Raum und Form.« (Zitat J. M. Pei).

9   Mittels 3D-Computersimulationen wurden verschiedene Lichtsituationen an einem sonnigen Tag im Juni simuliert. Die Bilder sind in 2-Stunden-Intervallen aufgenommen, erst in Richtung des Altars und danach in Richtung Orgel. Die letzten beiden Bilder zeigen den Kirchenraum im Dezember.
Nächste Seite: Ganzseitige Aufnahme eines Holzmodells der endgültigen Lösung im Maßstab 1:50 zur Überprüfung der Resultate in einem Lichtlabor unter künstlichem Himmel.

Licht für das Neue Mercedes-Benz Museum in Stuttgart

ULRIKE BRANDI LICHT

Das Neue Mercedes-Benz Museum folgt im Grundriss einer strengen geometrischen Grundfigur: Einem gleichseitigen Dreieck mit abgerundeten Ecken sind drei Kreise einbeschrieben, in der Mitte des Dreiecks markiert ein kleinerer Kreis das Atrium. Im Aufriss entwickelt sich über dieser Geometrie eine bewegte Abfolge von Rampen und Ebenen, die in den verglasten Bereichen die Collection aufnehmen und in den geschlossenen Zonen die »Mythosräume«, in denen besondere Themen präsentiert werden (Abb. 4.5).
Die Collectionsbereiche, ca. 4,50 m hoch, zeigen die Fahrzeuge in einer Tageslichtatmosphäre, wie draußen, in ihrer natürlichen Umgebung. Die Fassaden bringen gefiltertes Tageslicht herein, sie lassen die Stuttgarter Landschaft zum Hintergrund der Exponate werden. Die Decke dieser Bereiche ist glatt und hell, sie zitiert den Himmel. Integrierte Lichtelemente spenden ein direktes Licht, ähnlich einem Sonnenstrahl, der sich seinen Weg durch die Wolken bahnt (Clouds-Leuchte, s. S. 74ff.).

Die Mythosräume sollen demgegenüber möglichst wenig Tageslicht erhalten, um dort in einer dem Theater ähnlichen Atmosphäre die »Mythen« mit Kunstlicht inszenieren zu können.
Aufgabe der Tageslichtplanung ist es hierbei, die Entwurfsüberlegungen der Architekten und Ausstellungsplaner hinsichtlich der Tageslichtche zu unterstützen. Die qualitative Lichtverteilung und die Lichtquantität in den Museumsräumen werden mit der Hilfe von Tageslichtsimulationen im Computer und an Modellen untersucht. Die von den Ausstellungs- und Kunstlichtplanern, den Klima- und Lüftungsingenieuren und nicht zuletzt von den Landschaftsplanern benötigten Angaben zur Besonnung soll eine Verschattungsstudie liefern.

Grundsätze der Tageslichtplanung

Ein Ziel der Planung von Tageslicht ist es, den Nutzerkomfort zu maximieren und den Energieverbrauch für Beleuchtung und Kühlung zu reduzieren.
Der Begriff Nutzerkomfort meint hier jedoch nicht Komfort im Sinne von Luxus, sondern die »zum Wohlbefinden notwendige Qualität«. Im Einzelnen zählen hierzu eine gleichmäßige, farbneutrale und helle Ausleuchtung des Innenraumes mit Tageslicht an möglichst vielen Stunden und Tagen, außerdem Schutz vor Blendung und überhitzender Sonneneinstrahlung und offen wirkende Räume mit einem guten Außenbezug.
In Gebäuden mit besonderer Nutzung, wie dem hier geplanten Neuen Mercedes-Benz Museum, können diese Grundsätze teilweise hinter anderen Zielvorgaben, wie der architektonischen Gestaltung oder der Ausstellungskonzeption, zurücktreten.

Für die Beleuchtungsstärke, die Gleichmäßigkeit der Lichtverteilung und ähnliche lichttechnische Komfortgrößen sind in Normen (DIN 5034, DIN 5035 bzw. DIN EN 12464) und Richtlinien Mindestwerte festgelegt. Hinzu kommen die jeweiligen Empfehlungen der Lichtplaner für eine gute Ausleuchtung von Räumen mit Tageslicht. Trotzdem ist die Wahrnehmung der Lichtsituation und die damit einhergehende Zufriedenheit individuell verschieden.
Ein oft unterschätzter Vorteil von Tageslicht ist sein Leistungsvermögen. Die Ausbeute an Licht ist bezüglich der eingestrahlten Leistung größer als bei jeder künstlichen Lichtquelle; Tageslicht ist also das »kühlste« Licht für die Raumausleuchtung, da es – bei richtigem Einsatz – mit den geringsten Wärmelasten verbunden ist.
Durch einen geeigneten Schutz vor Überhitzung lassen sich die Kühllast und

Neues Mercedes-Benz Museum,
Stuttgart 2006 (im Bau)
Generalübernehmer: DaimlerChrysler
Immobilien, Berlin
Architekt: UN studio van Berkel & Bos, Amsterdam
Ausstellungsplaner: HG Merz, Stuttgart
Tageslichtplaner: Transsolar Energietechnik,
Stuttgart und ULRIKE BARNDI LICHT, Hamburg

damit auch die Anlagengröße und die Laufzeiten vorgesehener Lüftungs- und Kühlmaßnahmen reduzieren. Der dabei verwendete Sonnenschutz mindert die Tageslichtversorgung im Raum, sollte aber dennoch gewährleisten, dass im geschlossenen Zustand noch ausreichend Tageslicht einfällt, um die Zuschaltung von zusätzlichem Kunstlicht zu vermeiden.

Man kann die Energiebilanz auch durch die Verwendung selektiver Sonnenschutzgläser verbessern, die viel Licht, aber wenig Energie in den Raum lassen. Die Selektivitätskennzahl S bewertet Sonnen-

schutzgläser in Bezug auf eine hohe Lichtdurchlässigkeit (τ) im Verhältnis zu einem angestrebten niedrigen Gesamtenergiedurchlass (g). Eine hohe Selektivitätskennzahl ist hierbei wünschenswert. Ein Wert von annähernd S = 2 kennzeichnet für Verglasungsprodukte die Grenzen des physikalisch Machbaren (siehe Seite 30).

Von entscheidender Bedeutung für das menschliche Wohlbefinden ist auch die Farbe des Lichts und seine Veränderung während des Tagesverlaufs. Das natürliche Tageslicht ist evolutionsbedingt für uns das angenehmste Licht und kann von

Kunstlicht nur teilweise substituiert werden. Es ist daher wichtig, dass Fenster Tageslicht möglichst ohne starke Farbveränderung in den Raum einlassen. Die Farbwiedergabeeigenschaften einer Verglasung werden durch den allgemeinen Farbwiedergabeindex Ra nach DIN 6169 oder DIN EN 410 ermittelt. Die Skala für Ra reicht bis 100. Der optimale mit einer Verglasung erreichbare Ra-Wert ist 99.

1

2

Anforderungen an die Raumausleuchtung

Leuchtdichte, Beleuchtungsstärke und Tageslichtquotient

Die Leuchtdichte ist das Maß für den Helligkeitseindruck, den das Auge von einer leuchtenden oder beleuchteten Fläche hat (siehe Seite 17). Sie ist blickrichtungsabhängig und wird gemessen in Candela pro Flächeneinheit (cd/m^2).

Demgegenüber gibt die Beleuchtungsstärke den gesamten Lichtstrom an, der – unabhängig von der Wahrnehmung des Auges – auf eine bestimmte Fläche trifft (siehe Seite 18). Ihre Einheit ist Lux (lx).

Als Planungs- und Messgröße und damit als Gütekriterium für die Tageslichtsituation in Innenräumen gilt der Tageslichtquotient D. Er wird in der DIN 5034 »Tageslicht in Innenräumen« definiert: $D = Ep/Ea$. Der Tageslichtquotient D (daylight factor) ist das Verhältnis der Beleuchtungsstärke Ep am jeweils interessierenden Punkt im Innenraum zur gleichzeitig im Freien ohne Einfluss der Verbauung herrschenden Beleuchtungsstärke Ea. Im Gegensatz zum Kunstlicht ist Tageslicht keine konstante Lichtquelle, sondern hängt ab von Faktoren wie Bewölkung, Sonnenstand, atmosphärischer Trübung und Sonnenschutzvorrichtungen am Gebäude.

Da nur der bedeckte Himmel eine typische, rotationssymmetrische Leuchtdichteverteilung hat, ergeben sich nur für ihn reproduzierbare Beleuchtungsverhältnisse im Innenraum. Bei klarem Himmel mit direktem Sonnenlicht muss man die jeweiligen, augenblicklichen Beleuchtungsstärken betrachten, insbesondere zur Beurteilung von Blendungserscheinungen; der Tageslichtquotient ist hier nicht aussagekräftig. Der bedeckte Himmel (in Deutschland ca. 50% der Zeit) ist der lichttechnisch kritischere, weil dunk-

lere Himmelszustand und damit die Grundlage zur Planung tageslichttechnischer Maßnahmen (siehe Seite 22ff.).

Richtwerte für die Tageslichtversorgung

Für den Tageslichtquotienten fordert die DIN 5034-1 lediglich für Büroräume Mindestwerte, die nicht unterschritten werden sollten. Weitere Anhaltspunkte geben hier nur die Beleuchtungsstärken für Raumausleuchtung mit Kunstlicht nach DIN 5035 (DIN EN 12464).

Als Nennbeleuchtungsstärke sind für die Grundbeleuchtung 300 bzw. 500 lx empfohlen (siehe Seite 18). Daher sollte in erster Näherung ein Tageslichtquotient von 3 bzw. 5% angestrebt werden, so dass bei bedecktem Himmel (diffuser Himmel mit 10000 lx) Tages- und Kunstlicht in einem ausgeglichenen Verhältnis stehen.

Gleichmäßigkeit der Lichtverteilung

Ein weiteres Kriterium für gute Tageslichtverhältnisse ist die Gleichmäßigkeit G der Tageslichtquotienten.

In der DIN 5034-6 ist sie definiert als Verhältnis von minimalem zu mittlerem Tageslichtquotienten, also gilt für die Gleichmäßigkeit $G = Dmin/Dm$. Der Minimalwert ist der kleinste Wert, der in der Fläche für die Tageslichtquotienten (horizontale Nutzebene 85 cm über Fußboden) ermittelt wurde. Für Räume mit Seitenfenstern ist ein Verhältnis von 1:4 sehr gut, wird G < 1:10, ist die Gleichmäßigkeit ungenügend. Bei Belichtung mit Dachoberlichtern sollte die Gleichmäßigkeit nicht unter 1:2 fallen.

1 Ausstellungsraum »Collection«, Modell M 1:24 zur Tageslichtsimulation
2 Ausstellungsraum »Collection«, Simulation des Sonnenlichteinfalls am Modell

3

3 Ausstellungsraum »Collection«,
   Südseite, Simulation der Sonnenstände am
   Modell M 1:24
4 Grundriss Regelgeschoss
5 Ansicht, Bereich der Tageslichtuntersuchung

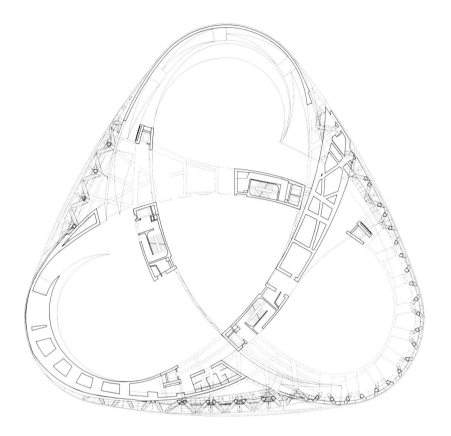

4

5

43,14 m

47,16 m

36,00 m

26,64 m

21,96 m

11,34 m

5,58 m

Grundlagen der Tageslichtsimulation

Spezielle EDV-Programme können Lichtmenge und Lichtverteilung und – bei entsprechendem Rechenaufwand – auch die atmosphärischen Qualitäten des Lichtes rechnerisch simulieren (siehe Seite 41). Verbreitet ist auch das RELUX-Lichtberechnungsprogramm.

Das Simulationsprogramm RADIANCE

RADIANCE ist ein am Lawrence Berkeley National Laboratory (USA) entwickeltes Programmpaket zur Berechnung der Lichtausbreitung und Lichtverteilung in Räumen mit beliebig komplexer Geometrie. Tages- und Kunstlichtberechnungen sind gleichermaßen möglich. Die Ergebnisse können einzelne lichttechnische Größen wie beispielsweise die Beleuchtungsstärke an einem Referenzpunkt oder Leuchtdichten im Gesichtsfeld des Betrachters sein. Möglich sind auch fotorealistische Darstellungen der betrachteten Räume, wobei hinter jedem Bildpunkt die volle lichttechnische Information steht. RADIANCE-Berechnungen wurden weltweit vielfach durch vergleichende Messungen überprüft und bestätigt. Das Programm zählt derzeit zu den leistungsfähigsten Werkzeugen zur Beleuchtungssimulation. Beim Neuen Mercedes-Benz Museum wurde es angewendet. Es ist sehr komplex und in seiner Bedienung entsprechend aufwändig und wird daher in der Praxis nur von wenigen Planern verwendet. Das Berechnungsverfahren ist im Anschluss kurz vorgestellt.

Raumgeometrie

Die Raumgeometrie setzt sich aus einfachen Grundkörpern (Polygone, Kugeln, Quader etc.) beliebiger Anzahl und Skalierung zusammen. Damit wird jeder gewünschte Detaillierungsgrad möglich. Das Programm enthält einen Konverter, der es erlaubt, 3D-DXF-Dateien aus CAD-Programmen zu konvertieren.

Lichtquellen

Als Lichtquelle werden für die Tageslichtberechnung Himmelsmodelle eingesetzt, als Standard der CIE Himmel nach DIN 5034-2.

Berechnungsverfahren

Das Programm verwendet einen »backward ray tracing« Algorithmus. Dabei werden, von der Betrachterposition ausgehend, Sehstrahlen in ein mathematisches 3D-Modell der Szenerie gesendet, an Objektoberflächen reflektiert, transmittiert oder absorbiert und zu den Lichtquellen zurückverfolgt. Im Gegensatz zur Vorwärts-Strahlverfolgung müssen nicht alle von einer Lichtquelle ausgesandten Strahlen verfolgt werden, sondern nur diejenigen, die tatsächlich auf irgendeinem Wege zum Betrachter gelangen. Dieses Verfahren berechnet Leuchtdichten auf der Basis vorher ermittelter Beleuchtungsstärken und Tageslichtquotienten.

Tageslichtsimulation für das Neue Mercedes-Benz Museum

Randbedingungen

Für das Himmelsmodell in der Tageslichtsimulation ist der genaue Standort des Bauvorhabens wichtig: Das Neue Mercedes-Benz Museum Stuttgart liegt auf 9°14‘ östlicher Länge und 48°48‘ nördlicher Breite.
Der Reflexionsgrad ist für alle opaken Flächen 50 %, der Lichttransmissionsgrad für die Verglasung beträgt ebenfalls 50 %.

6 Innenaufnahmen Modell M 1:24, Blick auf die tageslichttechnisch kritischen Übergänge zwischen »Mythos-« und »Collectionsräumen«

6

7

8

9

7–9   Verschattungsstudie im Modell M 1:24 für
        Dezember, März, Juni – jeweils 12 Uhr.
        Die Studie zeigt, wie das Tageslicht in den In-
        nenraum trifft und welche Folgen dies für die
        Exponate hat.
10–12 Tageslichtstudie Mythosräume:
        Für jede individuelle Raumsituation (verschie-
        dene Ebenen, verschiedene Ausrichtungen)
        zeigt das Modell die im Tageslicht kritischen
        Stellen.
    13 Verschattungsstudie am Modell zu einem
        Sonnenschutzsystem vor der Fassade
        (nicht realisiert)

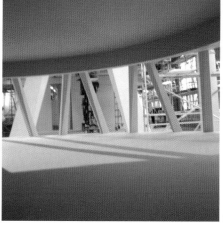

10 11 12

Erste Untersuchung der Tageslichtcharakteristik des Museums

Die Tageslichtquotienten werden in horizontalen Schnitten für den untersuchten Bereich (Abb. 5) erstellt. Wie bereits geschildert, ist der Reflexionsgrad für alle opaken Flächen 50 % und der Lichttransmissionsgrad für die Verglasung 50 %. Dies ist eine Vereinfachung für die Ermittlung der qualitativen Lichtverteilung und der überschlägigen Lichtquantität. Hieraus können noch keine Schlüsse auf die tatsächlich später vorherrschende Beleuchtungsstärke gezogen werden. Eine Tendenz – die Tageslichtcharakteristik des Museums – ist aber sehr gut ablesbar.

In den Collectionsräumen zeigt sich eine deutliche Zonierung der Tageslichtversorgung:

In der Nähe der Glasfassade bis zu ungefähr einem Drittel der Raumtiefe ergibt sich eine Zone mit sehr viel Tageslichteintrag. Die Tageslichtquotienten liegen hier oberhalb 8–10 %, so dass selbst an einem bewölkten Wintertag mit 10 000 lx Außenbeleuchtungsstärke hier Innenbeleuchtungsstärken von mehr als 800–1000 lx zu erwarten sind.

In den hinteren zwei Dritteln des Raumes fällt der Tageslichteintrag stark ab. Die Tageslichtquotienten sind bereits in der Mitte des Raumes bei Werten unterhalb von 2 %.

Weiterhin zeigt diese erste allgemeine Tageslichtsimulation, dass die Mythosräume aus dem Atrium und den fassadennahen Übergangsbereichen einen – wenn auch geringen – Eintrag von Tageslicht erhalten.

Tageslichtstudie Mythosräume

Die Mythosräume sollen den Charakter eines dunklen Theaterraumes ohne merklichen Tageslichteinfall erhalten. Ob dies mit dem architektonischen Konzept der offenen Raumfolgen zu leisten ist, wurde daher schon sehr früh während der Entwurfsphase Architektur respektive Vorentwurfsphase Ausstellungsplanung untersucht und später durch eine detaillierte Studie nochmals überprüft.

Der Bereich des Tageslichteintrags erstreckt sich jeweils nur wenige Meter in den Raum hinein. Störungen der gewünschten, ohne Kunstlicht dunklen Theateratmosphäre sind somit weniger durch die Beleuchtungsstärken, also die Ausleuchtung eines Raumes oder Bereiches, als vielmehr durch die Leuchtdichten, also die Helligkeit der Lichteintrittsöffnungen bedingt.

Bei der späteren Tageslichtsimulation während der Ausführungsplanung Architektur und der Entwurfsplanung der Ausstellung wurden die Lichttransmission τ der Dach- und Fassadenverglasung mit 0,17 angesetzt und die Reflexionsgrade der opaken Flächen nach den Materialvorgaben der Ausstellungsplaner ermittelt. Die Simulation ergab für den höchsten Sonnenstand (21. Juli, 12.00 Uhr) mit diffusem (bewölktem) Himmel, dass die Mythosräume relativ wenig Tageslichteinfall haben und somit – wie gewünscht – als geschlossene »Kunstlichträume« wahrgenommen werden.

Verschattungsstudie

Für die Architekten, die Ausstellungsplaner, die Kunstlichtplaner, die Ingenieure der Klimakonzeption und sogar für den Landschaftsplaner war es von großem Interesse zu erfahren, wie sehr das Gebäude oder einzelne Zonen der direkten Sonne ausgesetzt sind. Hierfür wurde eine Verschattungsstudie erstellt, die die Bebauung der Umgebung und die Hochstraße im Osten berücksichtigt.

Die Simulationen erfolgten in Stundenschritten für den Tag des höchsten Sonnenstandes (21. Juni), des niedrigsten Sonnenstandes (21. Dezember) und der Tag-und-Nacht-Gleiche (21. März und 21. September).

Die Tages- und Kunstlichtplanung für das Neue Mercedes-Benz Museum in Stuttgart versöhnt zwei Ausstellungsprinzipien. Sie ermöglicht das Ideal eines von Tageslicht erfüllten Museums ebenso wie die Inszenierung einzelner Exponate im Sinne einer (Theater-) Bühne. Licht ist ein entscheidender Bestandteil der expressiven Architektur dieses Museums.

13

Lichtsteuerung als Teil des Gebäudemanagements

ULRIKE BRANDI LICHT

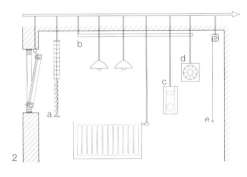

a Lichtlenkung
b Kühldecke
c Steuerungseinheit
d Lüftung
e Leinwand

1 Aufbau EIB (European Installation Bus)
2 Gewerkeübergreifendes Bussystem
3 Steuerungssysteme unterschiedlicher Komplexität: für einzelne Räume, für Etagen oder Gebäudeteile oder umfangreiche »Building Management Systems« (BMS), (Quelle: DALI Handbuch)

Die gestiegenen Komfort- und Sicherheitsansprüche an unsere Gebäude erfordern differenzierte Maßnahmen zur Steuerung ihrer technischen Funktionen. Gleichzeitig sollen die Kosten für ihren Betrieb gesenkt werden, wobei ein Schwerpunkt die Minimierung des Energieverbrauches ist. Die wichtigsten Faktoren hierbei sind die Regelung der Belichtung (Tages- und Kunstlicht) und der Raumtemperaturen (Heizung, Kühlung).
Sämtliche Maßnahmen für den effizienten Betrieb von Gebäuden lassen sich unter dem Begriff »Gebäudemanagement« (Facility Management) zusammenfassen. Sie sind umso wirkungsvoller, je besser sie die gegenseitigen Abhängigkeiten und Einflussnahmen einzelner Maßnahmen berücksichtigen können. Gerade die Steuerungssysteme für die Komponenten Licht und Klima, die zunächst gewerkebedingt als Einzellösungen entwickelt wurden, lassen sich inzwischen gut miteinander kombinieren.
Zugrunde liegt diesen Lösungen meistens ein gebäudeumfassendes Bussystem, aber auch weniger komplexe Systeme wie beispielsweise raumweise Steuerungen sind möglich. Alle Vorteile jedes Systems gleichzeitig zu nutzen kann jedoch nicht gelingen, da es zu viele ambivalente Faktoren (vor allem im Bereich der Wärmelasten und damit im Energieverbrauch) gibt.

Elemente der Energieoptimierung und Komfortsteigerung
Die (intelligente oder regulierte) Tageslichtsteuerung regelt die Versorgung mit Tageslicht und die Entblendung:

· Sehr effektiv sind Steuerungen im Fassadenbereich. Die Systeme sind vor der Fassade, in wenigen Fällen im Glas und in einigen Fällen im Raum installiert.
· Auch geregelte Dachöffnungen können effizient gesteuert werden.

· Schließlich gibt es Sonderinstrumente wie beispielsweise Heliostaten, die das Licht lenken und dem Sonnenlauf nachgeführt werden müssen.

Die (intelligente oder regulierte) Kunstlichtsteuerung kennt:
· Zeitgesteuerte Anlagen, sie arbeiten mit Schaltuhren.
· Anwesenheitsgesteuerte Anlagen, sie erfassen mit Bewegungsmeldern Personen in einem bestimmten Bereich.
· Kunstlichtsteueranlagen, die mit einem Lichtsensor die Beleuchtungsstärke messen. Werden die Schwellenwerte über- bzw. unterschritten, wird der Lichtstrom der Leuchten entsprechend gedimmt.
· Tageslichtabhängige Anlagen, für die ein Beleuchtungsstärkesensor die Außenhelligkeit misst und die Beleuchtung entsprechend reduziert oder ganz abschaltet.

Die Klimasteuerung arbeitet ebenfalls mit Sensoren, in Abhängigkeit von der Innen- und Außentemperatur sowie weiterer Variablen. Die Steuerungen sind nach Prioritäten aufgebaut, die sich an den Anforderungen des einzelnen Gebäudes orientieren. Generell wird die Sicherheit der Anlage an die erste Stelle gestellt. Ist es etwa zu windig, werden die Lamellen oder andere außen liegende Tageslichtsysteme geschlossen, um Schäden zu vermeiden. Oft gibt es zusätzliche Einstellungen, die zentral oder abschnittsweise gelten, im Falle außen liegender Tageslichtsysteme etwa Programme, die für die Glasfassadenreinigung oder für die Systemwartung gedacht sind.
Darüber hinaus erlauben die Anlagen die Steuerung der lokalen Funktionen wie Raumlicht, jeweilige Verschattung und individuelles Klima.
In jedem Raum wird der Nutzer in der Regel eine individuelle Einstellung wünschen.

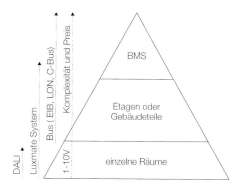

3

Dieser mögliche manuelle Eingriff in das Geschehen hat sich als wichtig für die Akzeptanz von Steuerungen erwiesen. Der Nutzer muss das System als Unterstützung empfinden. Seine jeweilige Wahl setzt allerdings die auf das Gesamtsystem ausgelegte »Steuerungsautomatik« aus. Für die energetische Bilanz des Gebäudes ist es darum wichtig, wie und wann die individuelle Einstellung in das optimierende Gesamtsystem zurückgesetzt wird. Die Rücknahme der Eingriffsmöglichkeiten des einzelnen Nutzers zugunsten des allgemeinen Systems (Vorrangschaltung der zentralen Basissteuerung) erfolgt meistens:
- regelmäßig zu festen Uhrzeiten,
- in zeitlicher Abhängigkeit von der letzten Bedienung,
- manuell, etwa durch das Wiedereinschalten der »Automatik«.

Die Steuerungssysteme
Die großräumige Steuerung von Tages- und Kunstlicht in Gebäuden kann mit Hilfe von Bussystemen (BUS = Binary Unit System) erfolgen. Es gibt marktreife Systeme seit ca. 15 Jahren. Sie lösen nach und nach die bisher üblichen Leitungssysteme ab, die über immer weitere Verzweigungen Strom bzw. Energie zu jedem Verbraucher im Gebäude führen und die entsprechenden Schaltmöglichkeiten ebenfalls über Leitungen bzw. verschiedene Schaltkreise schaffen. Je mehr zu schalten ist, umso mehr Leitungen sind nötig.
Das entscheidend bessere Konzept hat das Bussystem. Alle Verbraucher werden mittels einer einzigen Leitung mit ihrer Steuerung verbunden, und diese Steuerungsstruktur ist von der Energieversorgung abgekoppelt.
Mit der Verwendung eines Bussystems lassen sich schon bei der Installation erhebliche Kosten einsparen, da viel weniger Leitungen zu legen sind und

damit hohe Montagekosten entfallen. Denn alle Busteilnehmer (das sind die Bedienelemente, die Verbraucher oder Aktoren und die Befehlsgeber oder Sensoren) kommunizieren nun untereinander über nur eine Leitung, vorausgesetzt alle Elemente sind busfähig, d. h. elektronisch steuerbar.
Die Bussysteme wurden zunächst für die traditionellen Gewerke entwickelt. Viele Hersteller hatten und haben ihre eigenen Systeme, die häufig nicht kompatibel sind. In den frühen »automatisierten« Gebäuden führte das zu einer Vielzahl von Systemen nebeneinander – oft mit gleichen oder ähnlichen Komponenten. Nach den ersten Erfahrungen begann man daher, gewerkeübergreifende Systeme (Abb. 2) zu entwickeln. Inzwischen ist es möglich, fast alle Tages- und Kunstlichtsysteme in die zentralen Systeme einzubinden.
Wegen der Vielzahl unterschiedlicher Bauaufgaben und der hohen Kosten einer weitgehenden »Gebäudeautomation« können aber auch Insellösungen sinnvoll sein, reine Kunstlichtsteuerungen etwa oder reine Tageslichtsteuerungssysteme. Neu entwickelt sind auch Systeme, die nur raumweise funktionieren, mit intelligenten Schaltern im herkömmlichen Sinne. Mit der Busfähigkeit der Leuchten wurde es beispielsweise möglich, die Leuchten über integrierte Infrarot-Schnittstellen auch mit schnurlosen Einzelschaltern zu regeln. Das schafft im Hinblick auf räumliche Flexibilität große Kosten- und Qualitätsvorteile: Wände, die nach Mieterwünschen immer wieder versetzt werden, harmonieren nicht so einfach mit zentralen Systemen und Leitungen, eine versetzbare Leuchte mit einem billigen, an das elektronische Vorschaltgerät gekoppelten Sensor zur Tageslichtsteuerung oder zur Dimmung per Infrarotschalter dagegen schon. Häufig gilt gerade im Bereich Licht: »Small is beautiful too«.

Gängige kleinere, herstellerabhängige Steuerungssysteme sind Luxmate von Zumtobel, Light Scout von ERCO, und – weitgehend herstellerunabhängig – DALI, mit dem vor allem Philips und AEG arbeiten. Ein auf Steuerungen spezialisierter Hersteller ist außerdem die amerikanische Firma Lutron, die weltweit tätig ist und hochwertige Anlagen anbietet.

Im Bereich Kunstlicht ist bei der Entscheidung für ein Steuerungssystem immer zu berücksichtigen, dass es im gewerblichen Einsatz auch andere Möglichkeiten gibt, bedeutende Einsparungen zu erzielen, wie beispielsweise der Einsatz von stromsparenden Leuchtmitteln. Ihre Energiebilanz ist zwar umstritten, auf der Nutzerseite ist die Einsparung aber vorhanden, schon allein weil moderne Lampen eine erheblich längere Lebensdauer aufweisen als ihre Vorfahren vor 15 Jahren, als man die Bussysteme erfand. Ein gutes Facility Management kann zusätzlich helfen, Wartungskosten zu reduzieren und damit Ressourcen zu schonen. Schließlich sind die Leuchten selbst viel effizienter geworden. Die Lichtausbeute ist erhöht, das Licht lässt sich viel besser richten und damit gezielter einsetzen. Nur die Kombination von überlegter Architektur und gezielt eingesetzter Technik mit einer qualifizierten Lichtplanung kann beim Tages- und Kunstlicht zu signifikanten Vorteilen im Gebäudemanagement führen.

Abschließend sind drei für die heutige Praxis bedeutende Steuerungssysteme kurz vorgestellt.

EIB (European Installation Bus)
EIB ist neben dem amerikanischen LON eines der wichtigsten Bussysteme auf dem Markt. Seine Technik stammt von Siemens und wird seit 1987 unter dem Namen »Instabus« entwickelt. Durch

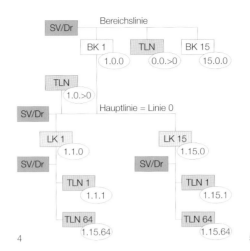

4

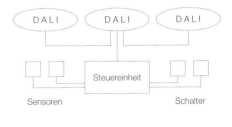

5

Weiterentwicklung der EIB-Technologie mit europäischen Partnern zum »Konnex (KNX)«-Standard erfüllt EIB/KNX inzwischen als einziges System die europäische Norm für Installations-Bussysteme EN 50090.

Definition:
- EIB ist ein Standard – kein Produkt.
- EIB ist ein offener Standardbus (nicht an Hersteller gebunden; etwa 5000 EIB-Produktgruppen sind auf dem Markt).
- Sein Vorteil liegt in der flexiblen Installation, da Schaltungsvarianten durch Umprogrammieren und nicht durch Umverdrahten möglich sind.
- Durch Einbeziehung aller Gewerke können Synergien genutzt und Kosten gesenkt werden.

Datenübertragung / Programmierung:
- Die Bus-Leitung überträgt die Informationen zwischen Bus-Teilnehmern.
- Diese Datenleitung wird standardmäßig als Zweidrahtleitung mit Kleinspannung 29 VDC parallel zum 230 V-Starkstromnetz verlegt.
- In der Version »Powerline« von EIB/KNX kann auch das 230 V-Netz als Datenleitung genutzt werden.
- EIB/KNX kann inzwischen alternativ auch drahtlos über Funk oder Infrarot kommunizieren.
- Dezentrale Intelligenz – jeder Busteilnehmer hat einen eigenen Mikroprozessor. Es gibt kein Zentralgerät und deshalb niemals einen Totalausfall des Systems.
- Die Anlage wird am PC programmiert (Verbindung EIB mit PC über Schnittstelle RS232).

Busteilnehmer:
- Sensoren: Befehlsgeber (z. B. Tasten, Schalter, Bewegungsmelder). Sie nehmen physikalische (z. B. Temperatur) oder digitale Größen (Spannung) auf,

wandeln diese in digitale Signale um und senden sie über die Bus-Leitung an Aktoren.
- Aktoren: Befehlsempfänger (z. B. Relais, Dimmer, Antriebe). Sie empfangen die Signale aus der Bus-Leitung und führen die entsprechende Aktion aus (Abb. 1).

Adressierung der Busteilnehmer:
- Jeder Teilnehmer hat eine physikalische Adresse (»Name« des Teilnehmers z. B. »3.5.8« = Bereich 3, Linie 5, Teilnehmer 8; Abb. 4)
- Die Gruppenadresse legt die Zusammenarbeit fest, also welcher Sensor welchen Aktor steuert (z. B. Bewegungsmelder WC – Dimmer Leuchten WC).

Kommunikation zwischen Busteilnehmern:
- Erfolgt über Telegramme. Jedes Telegramm besteht aus einer Folge von 1- und 0-Signalen; Das Adressfeld enthält jeweils die Quell- und Zieladresse.
- Im CSMA/CA-Verfahren (Carrier Sense Multiple Access/Collision Avoidance): Alle Busteilnehmer hören immer mit, aber nur die angesprochenen reagieren. Ist die Busleitung frei, kann jeder senden, wenn sie gerade belegt ist, muss er warten. Wenn zwei Aufträge zugleich losgeschickt werden, setzt sich der Teilnehmer mit höherer Priorität durch.

LON (Local Operating Network)
Das Bussystem LON, entwickelt von der Firma Echelon (USA), ist seit 1991 auf dem Markt. Sein Leistungsspektrum ist letztlich ähnlich dem EIB-System, es gibt jedoch einige Unterschiede zwischen beiden, die im jeweiligen Anwendungsfall von qualifizierten Fachingenieuren abzuwägen sind:
Von Beginn an ist LON auf das intensive Zusammenspiel von Gerätesteuerungen

im Bereich Heizung, Klima und Lüftung mit anderen Gewerken wie Licht, Sonnenschutz, Visualisierung, Zugangskontrolle und Aufzugssteuerung ausgerichtet (Abb. 5). EIB dagegen wurde für die klassischen Elektrodomänen Licht- und Jalousiesteuerung entwickelt und erst sukzessive auf andere Gewerke ausgedehnt.

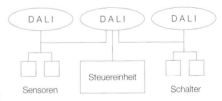

6

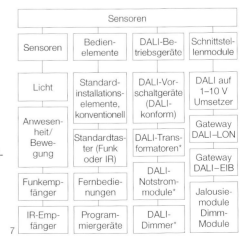

7

8a   b   c

Die aus dieser Entwicklungsgeschichte rührende unterschiedliche »Architektur« der Datennetze EIB und LON führt zu gewissen Vorteilen von LON bei der Bewältigung sehr großer, komplexer Bauaufgaben mit komplizierten Steuerungsanforderungen und einer Vielzahl von Parametern. Die höhere Datenrate, größere Ausbaufähigkeit und Flexibilität von LON bedingt andererseits einen höheren Aufwand bei der Projektierung und Programmierung, so dass EIB im Bereich weniger komplizierter Projekte und insbesondere im Wohnungsbau durchaus Vorteile bietet, zumal seine Marktdurchdringung in diesem Anwendungsfeld größer ist.

DALI – eine intelligente Schnittstelle
DALI (Digital Adressable Lighting Interface) gibt es seit 1999. Sein Vorläufer war DSI (Digital Serial Interface). Es wurde entwickelt durch die Zusammenarbeit europäischer Hersteller von elektronischen Vorschaltgeräten (EVGs, u. a. von Philips, Osram, Helvar, Tridonic, Trilux; Abb. 6).

Definition:
- DALI ist ein internationaler Standard.
- DALI ist nur für Lichtsteuerung einsetzbar.
- DALI ist ein Protokoll für digitale Kommunikation zwischen Komponenten einer lichttechnischen Anlage.
- DALI ermöglicht die herstellerunabhängige Verknüpfung und Steuerung intelligenter Einzelleuchten (Beleuchtungsgruppen, Lichtszenen).
- DALI ist kein Bussystem sondern eine Schnittstellendefinition.
- Der DALI-Standard wird in der Vorschaltgerätenorm IEC 60929, Anhang E, definiert.
- DALI ist in erster Linie ein raumbezogenens Lichtmanagementsystem, seine Größe ist auf 64 Adressen begrenzt.
- Sein Vorteil liegt in der einfachen Bedienung ohne großen Schulungsaufwand.

Datenübertragung/Programmierung:
- Der DALI Controller (Master) steuert die einzelnen Komponenten (Slaves): »Master-Slave«-System.
- Datenübertragung durch Zweidrahtleitung – kann gemeinsam mit der Starkstromleitung verlegt werden und wird mit Kleinspannung 22,5 VDC gespeist.
- Die Adressierung der Komponenten erfolgt automatisch bei Inbetriebnahme (Anschluss des Steuermoduls).

Welche und wie viele Geräte kann DALI ansteuern?
- EVGs für Leuchtstoff- und Kompaktleuchtstofflampen
- EVGs für Entladungslampen
- Dimmer für Glühlampen
- Transformatoren für Niederspannungs-Halogenglühlampen
- EVGs für LEDs
- DALI ist definiert für maximal 64 Einzelgeräte (Individualadressen) und max. 16 Gruppen (Gruppenadressen).
- DALI kann durch Schnittstellenmodule in übergeordnete Gebäudesystemtechnik wie EIB oder LON eingebunden werden, um größere Gebäudeabschnitte zu regeln und mit anderen Gewerken zu kommunizieren.

Was kann DALI?
- Ein- und Ausschalten
- Dimmen, Speichern von Lichtszenen (bis zu 16 pro DALI-Steuergerät), Statusrückmeldung (Leuchte an/aus, Helligkeitswert, Leuchte defekt)
- Automatisches Suchen der Betriebsgeräte. Einstellungen und Lichtwerte werden direkt im DALI-EVG gespeichert (Individualadresse, Gruppenzugehörigkeit, Lichtszenenwert, Dimmgeschwindigkeit, Notstromlichtwert, Einschaltlichtwert bei Spannungsrückkehr)
- Synchrones Dimmen mehrerer Beleuchtungskreise.

Welches Steuerungssystem für welche Aufgabe sinnvollerweise eingesetzt wird, ob und inwieweit die unterschiedlichen Systeme kombiniert werden können oder sogar aufgrund ihrer unterschiedlichen Leistungs- und Kostenprofile in eine Gebäudemanagementkonzeption integriert werden sollten, ist von der Größe und Komplexität der Aufgabe und von der Kompatibilität bzw. Verfügbarkeit der jeweiligen Endgeräte abhängig. Auch der Aspekt des Bedienungsaufwandes im laufenden Betrieb und bei Änderungen ist zu berücksichtigen.

4 Beispiel für die Adressierung der EIB-Busteilnehmer: Ein Bereich umfasst die Hauptlinie mit maximal 15 Linienkopplern à 64 Teilnehmern. Jede Bereichslinie, Hauptlinie und Linie benötigt eine Stromversorgung (Quelle: EIBA).
5 Aufbau LON (Local Operating Network)
6 Aufbau von DALI Steuerungssystemen (2 Varianten):
Die Steuergeräte stellen die logische Zuordnung zwischen Sensoren, Bedienelementen und DALI-Betriebsgeräten her. Es kann sich hierbei um ein eigenständiges Steuergerät, aber auch um ein Schnittstellenmodul handeln, welches seine Befehle aus einem übergeordneten System erhält. Auch intelligente Sensoren oder Bedienelemente mit integriertem Steuergerät sind möglich.
7 Beispiel für Komponenten eines Lichtsteuersystems, das mit der DALI-Schnittstelle arbeitet. (* in Vorbereitung)
8 Ein klassisches Beispiel für Lichtmanagement ist die Beleuchtung von Konferenzräumen. Hier müssen die Lichtverhältnisse situations- und bedarfsgerecht sein, zum Beispiel Besprechung (Abb. a), Vortrag (Abb. b), Präsentation (Abb. c).

Das Procedere der Kunstlichtplanung in Gebäuden

Christoph Geissmar-Brandi

Voraussetzungen

Die qualifizierte Lichtplanung von Innenräumen macht Spaß und kommt von Herzen. Das Resultat, die geschaffene Lichtatmosphäre, beeinflusst das Wohlbefinden der Menschen, die in dem geplanten Gebäude leben, arbeiten oder ihre Freizeit verbringen.
Auf der Planerseite funktioniert eine gute Planung nur im Team, erfordert fundiertes Fachwissen und eine geschickte Kommunikation zwischen allen Planungsbeteiligten.

Eine engagierte Lichtplanung verfolgt neben der technisch-ökonomischen Optimierung auch grundlegende »vitale« Ziele:
- das Licht spiegelt die Idee, die Vision oder Seele des Raumes,
- das geplante Licht entspricht den Zwecken des Gebäudes und den Erwartungen an die Nutzung der Räume,
- die geplante Anlage muss technisch und wirtschaftlich optimiert sein und daher einen vernünftigen Kostenrahmen bieten,
- das Licht entspricht nach der Vorgabe der drei obigen Prämissen den unterschiedlichen Räumlichkeiten des Gebäudes auch im jeweiligen Detail.

Letztlich heißt dies, dass für jede Bauaufgabe in Abstimmung mit den Bauherren, Architekten und Elektroingenieuren neue, individuelle Lösungen zu entwickeln sind, die die funktionalen und gestalterischen Zielsetzungen für das geplante Gebäude auf hohem ästhetischen Niveau umsetzen. Die geschaffene Lichtanlage sollte wirtschaftlicher sein als Standardlösungen und darüber hinaus langlebig.

Auf Seiten des Lichtplaners bedarf es hierzu mehrerer Überlegungen. Sie enthalten das
- Licht als Material und das
- Licht als Medium der visuellen Kommunikation.

Wichtig ist außerdem ein umfassendes Verständnis des gesamten Gebäudes, seiner formalen Haltung und seiner Technik, der Decken und der Fassaden, bis hin zu Anforderungen an und Gegebenheiten in den einzelnen Räumen.
Da die Lichtplanung leider oft eine nachgeordnete Rolle im gesamten Planungsprozess spielt, sind eine gute Kommunikation zwischen den beteiligten Planern und der gegenseitige Respekt vor der Arbeit des anderen vonnöten. Misslingt die Kommunikation, korrespondieren die oft hohen Erwartungen nicht mit den Realitäten der Kosten.
Werden die Lichtplaner frühzeitig in den Planungsprozess einbezogen und wird ihre große Erfahrung darin, wie Licht – unabhängig von den errechenbaren Werten – in Räumen wirkt, genutzt, so kann die Lichtplanung viel zur funktionalen und räumlich-gestalterischen Optimierung des Gebäudes beitragen.

Licht als Material
Was wir sehen ist durch reflektiertes Licht sichtbar. Daher ist Licht nicht nur selbst ein Gegenstand der Planung, sondern wirkt über die Oberflächen, auf die es fällt. Die Kenntnis der geplanten Oberflächenmaterialien und der Reflexionsgrade der Böden, Wände und Decken ist die Voraussetzung für eine stimmige Lichtplanung – aus ihnen ermitteln sich die Helligkeitswirkung und die Erscheinung des Raumes und seiner Atmosphäre.

Ein weiterer wichtiger Aspekt in den Überlegungen zur Lichtplanung sind die angestrebten Farben. Dunkle Farben »schlucken« Licht, hellere Töne sind diesbezüglich günstiger, da sie das Licht besser reflektieren. Gerade Farben und ihre materialabhängig reflektierenden oder matten Oberflächen bleiben bei der Berechnung der erforderlichen Leistung einer Beleuchtungsanlage immer noch

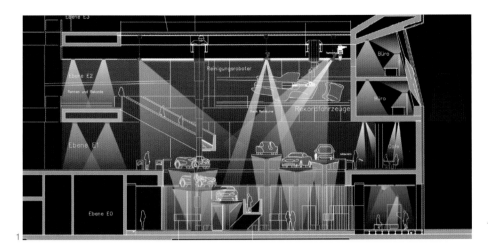

1   Entwurfskizze Kunstlichtplanung, Atrium,
    Neues Mercedes-Benz Museum, Stuttgart

eine Erfahrungssache. Fehlt diese, werden die Anlagen sicherheitshalber oft überdimensioniert.

Licht als Medium der visuellen (sichtbaren) Kommunikation
Die Wahrnehmung unserer Umgebung ist stark von den jeweiligen Lichtverhältnissen beeinflusst, die Atmosphäre eines Raumes nicht zuletzt durch Licht geprägt. Raffiniertes Licht ist ein »weicher« Qualitätsfaktor bei der Bewertung von Gebäuden, der sich nicht so ohne weiteres quantifizieren lässt und den der Bauherr bzw. Nutzer erst erkennen muss.
Der Bauherr kommuniziert mit der Entscheidung für einen bestimmten Architekten und einen bestimmten Lichtplaner und mit seinen Erwartungen an ihre Entwürfe eine besondere Haltung. Ob privater Investor, Unternehmer oder öffentliche Einrichtung, mit seiner Wahl vermittelt er Offenheit oder Diskretion, Klarheit, Transparenz, Geborgenheit, Achtung vor den Mitarbeitern und Gästen, Innovationsfreude oder Traditionsbewusstsein. Die Architektur der Gebäude offenbart diese Einstellungen. Man kann auch von »Schwingungen« sprechen, das Licht nimmt sie auf, verstärkt und betont sie, Architektur und Licht spielen miteinander. Dem Lichtplaner stehen dafür folgende Mittel zur Verfügung:
• Warmes – kaltes Licht
• Brillantes – diffuses Licht
• Kontrastierendes (Schatten bildendes) Licht – weiches Licht
• Statisches Licht – bewegliches Licht
• Pointiertes Licht – allgemeines Licht
• Tages- und Kunstlicht
• In den wenigsten Fällen farbiges Licht.

Ein Raum nimmt durch Änderungen des Tageslichtes und den Wechsel der Kunstlichtatmosphäre unterschiedliche Lichtstimmungen an. Die (Licht-)Bedürfnisse des Menschen sind unterschiedlich,

abends streben wir nach warmem Licht, tagsüber konzentrieren wir uns bei hellem, klarem, frischem und großzügigem Licht.

Unter den Lichtplanern gibt es verschiedene Auffassungen, mit Licht in Gebäuden umzugehen. Sie integrieren Licht in Architektur oder suchen nach visueller Dominanz. Der integrierende Ansatz sucht nach zartem, sensiblem Licht und seinen Nuancen. Der dominierende Ansatz ruft nach kräftigem, lautem, buntem Licht. Es ist dekorativ, ein Zubehör, manchmal niedlich und bedient sich häufig applizierter Lichtobjekte. Es gibt auch einen dritten Weg, den des kühlen, anonymen Lichtes.
Diese Auffassungen passen zu verschiedenen Architekten bzw. ihren Bauten, daher ist es gut, wenn Planer mit denselben Vorstellungen langfristig zusammenarbeiten.

Die Aufgaben des Lichtplaners
Licht zusammen mit Bauherren, Architekten, Lichtplanern und verschiedenen Ingenieuren zu planen, erfordert technische und gestalterische Kompetenz – erst beides vereint zeichnet eine gute Lichtplanung aus. Die Planung des Kunstlichtes tangiert alle Planungsphasen, daher ist das systematische Vorgehen – Planungsschritt nach Planungsschritt über die oft langen Zeiträume bis zur Realisierung – wichtig. Der Erfolg ist erst ganz am Schluss sichtbar: wenn der Bau vollendet ist und »leuchtet«. In diesem Moment müssen die Erwartungen des Bauherrn, der Architekten und Ingenieure erfüllt und die Mühen und Einschränkungen durch das kleine Budget für das Gewerk Licht vergessen sein.

Architekt und Bauherr definieren für das Gebäude
• seinen Zweck und die entsprechenden Bauherren- und Nutzerwünsche,

• den umbauten Raum (Höhe, Breite, Tiefe),
• seine Beziehung zum Tageslicht,
• die Fassade,
• die Oberflächen von Decke, Wand und Boden,
• die Farben,
• den Standard der Haustechnik, insbesondere die elektrische Ausstattung.

Der Entwurf des Lichtplaners bestimmt
• die Lichtcharakteristik,
• die Lichtfarben,
• das Lichtniveau und
• die Lichtszenarien
unter Berücksichtigung technischer Vorgaben, die auf Erfahrungswerten oder Normen und Richtlinien basieren.

Die Komponenten der geplanten Beleuchtungsanlage bestehen aus
• den Leuchtmitteln,
• den Leuchten und ihren Reflektoren,
• den entsprechenden Möglichkeiten zum Einbau und zur späteren Wartung,
• den Schaltkreisen und der Verdrahtung inklusive der Vorschaltgeräte,
• den Schaltmöglichkeiten und
• der Notbeleuchtung.

Der Planungsprozess
Der Lichtplanungsprozess gliedert sich, vereinfachend dargestellt, in die Phasen Entwurf und Ausführung. Eine Genehmigungsplanung ist im Bereich Licht in aller Regel nicht notwendig, es sei denn für Beleuchtungsmaßnahmen an der Fassade (Werbeanlagen).
Der Entwurf beschreibt zunächst nur die Lichtcharakteristik und den Leuchtentyp (beispielsweise »indirekt flächig auf die Decke strahlend«). Das Produkt zu benennen und seinen Anbringungsort zu vermaßen ist Sache einer detaillierten Ausführungsplanung.
Eine zentrale Rolle in diesem Zusammenhang nehmen die Beleuchtungsproben ein. Sie können an existenten Gebäuden

71

(etwa bei Fassadenanstrahlungen), in Musterräumen oder in einem so genannten Mock-up (1:1-Simulation) in den Räumen der Hersteller stattfinden und sind wichtig, um die geplanten Lichtwirkungen richtig zu beurteilen. Dadurch sind gegebenenfalls erhebliche Kosteneinsparungen zu erzielen (durch Reduzieren zwar korrekt errechneter, aber de facto überdimensionierter Anlagen oder auch durch Vermeiden späterer Nach- oder Umrüstungen).

Umfang der Beauftragung
Inwieweit der Lichtplaner über sein Konzept hinaus in die Auswahl der Produkte und in den tatsächlichen Bauprozess involviert ist, hängt von Art und Umfang seiner Beauftragung ab. Immer häufiger wird allein der Entwurf, das »Design«, beauftragt; die Wahl des entsprechenden Produktes ist dann eine Frage des Preises oder der Prämissen etwa der ausführenden Elektroingenieure und nicht mehr Aufgabe des Lichtplaners. Das Resultat seiner Arbeit hängt davon ab, ob er als Planer oder als Berater hinzu gezogen wurde.

Als Planer fertigt er CAD-Zeichnungen für das gesamte Gebäude (sinnvollerweise werden Neben- oder Technikräume häufig ausgenommen). Das Büro bekommt die Pläne von den Architekten oder den Elektroingenieuren und zeichnet die Leuchten dort ein. Wie genau Positionen und Produkte in den Zeichnungen benannt sind, hängt vom Fortschritt des Planungsprozesses und der entsprechenden Zeichnungen ab. Zu Beginn enthalten die Zeichnungen lediglich die ungefähre Position der Leuchten, am Ende sind sie inklusive Zubehör genau benannt, gezählt und vermaßt.

Als Berater entwickelt der Lichtplaner sein Konzept entweder für das ganze Gebäu-

de oder nur für besonders ausgewiesene Bereiche. Er wird dann seine Idee mit den Architekten und Ingenieuren diskutieren und abstimmen. Das Konzept erläutert er dabei exemplarisch mit Illustrationen, um die angestrebten Lichtwirkungen zu verdeutlichen. Für ein solches Konzept müssen die Leuchtenpositionen, die Lichtniveaus und die Beleuchtungsstärken ermittelt werden, ebenso sind die Leuchtentypen und die Lichtfarben auszuweisen, nicht aber das zu verwendende Produkt. Zur Beratertätigkeit gehört es auch nicht, Pläne zu zeichnen, die zum Bau des Gebäudes benötigt werden. Der

»Transfer« des Lichtentwurfs in die Ausführungspläne samt der Einhaltung der Zeit- und Kostenpläne obliegt dann den Architekten und Ingenieuren. Von deren Engagement und Kompetenz hängt es in hohem Maße ab, ob die Beratungsleistung des Lichtplaners effektiv genutzt werden kann.

Kunstlicht entwerfen
Wie geht man vor? Wieder ist das eine Frage der Aufgabenstellung und der individuellen Fähigkeiten. Adäquates Licht für außergewöhnliche Gebäude zu entwerfen erfordert das Vertrauen des Bauher-

2

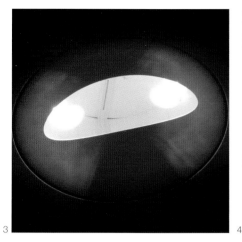

3

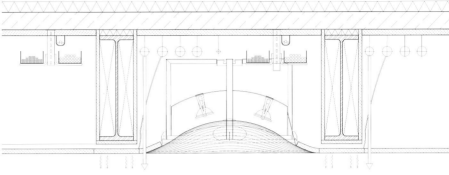

4

ren und des Architekten und einen erhöhten planerischen Aufwand. Neben diesen besonderen Planungsaufgaben gibt es auch die vermeintlich einfachen, »normalen« Projekte, bei denen innerhalb der vorgegebenen Räumlichkeiten ein fachlich einwandfreies Konzept zu installieren ist. Hier liegt die Herausforderung für den Lichtplaner oft darin, gute Lösungen mit geringen Budgets zu entwickeln. Ein hervorragender Entwurf macht das Licht zum integralen, unverzichtbaren Bestandteil des Gebäudes.

Ein guter Lichtentwurf gründet auf der genauen Kenntnis des auszustattenden Gebäudes. Dies kann schwierig sein, da Bauherren und Architekten manchmal sehr unterschiedliche Vorstellungen haben. Sie ziehen Spezialisten hinzu, um ihre Ideen technisch zu realisieren, um sie offen zu diskutieren oder um mit Hilfe der Lichtplanung vorhandene Entwürfe aufzuwerten.

Der Entwurf beginnt mit einem imaginierten Gang durch das Gebäude. Als Lichtplaner verfolgt man in seiner Vorstellung zunächst die Tageslichtöffnungen und die Blickrichtungen der späteren Nutzer. Man sammelt Informationen zur Lage des Gebäudes, zur Himmelsrichtung der Fenster, zur umliegenden Bebauung und Bepflanzung sowie zu den Nutzungszeiten. Dies ist die Grundlagenermittlung und Vorplanung. Das Entwurfskonzept ist gefunden, wenn man die Nutzung des Raumes mit einer Lichtidee verbinden kann.

Das meiste Licht, das wir sehen, ist indirektes Licht, trifft also reflektiert auf unsere Netzhaut. Die Ideenfindung sollte sich darum zunächst an den Eigenschaften der Flächen des Raumes orientieren. Dazu tritt die »Möblierung«: ein Lesesaal braucht anderes Licht als ein Krankenzimmer oder ein Automobilmuseum. Das

Licht wird für die – auch innerhalb eines Raumes – verschiedenen Nutzungen spezifisch entwickelt, wobei auch die Wirkung von Farben und Oberflächen zu berücksichtigen ist. Lichttechnisch gesehen bemisst sie sich in Reflexionsgraden, die in die Berechnung der notwendigen »Lichtmenge« einfließen. So entsteht im Kopf eine erste Entwurfsskizze.

Aus der Vorstellung heraus, welche Flächen zu beleuchten sind, ergibt sich die ungefähre Position der Leuchten und der Leuchtentyp. Diese ersten Ideen sollte der Lichtplaner sofort auf ihre Realisierbarkeit hin prüfen. Inwieweit der Planer ein gutes Entwurfskonzept in eine möglichst einfache Anlage umsetzen kann, beweist sein Können. Ist der Entwurf in Bezug auf Decken, Wände und Böden, die Oberflächenqualitäten, die Kabelzuführung, die übrige Haustechnik, Fenster und Türen realisierbar, lässt sich die Anzahl der benötigten Leuchten überschlagen und eine grobe Berechnung der Beleuchtungsstärken vornehmen. In der Regel wird man mit zwei bis drei verschiedenen Lichtarten arbeiten, beispielsweise mit vertikaler Beleuchtung, direktem Akzentlicht und Grundbeleuchtung. Die Auswahl der Leuchten ist abhängig von den Lampen (= Leuchtmitteln), die sie enthalten können. Die Abhängigkeiten entstehen aus formalen (ästhetischen), technischen und wirtschaftlichen Überlegungen.

Schließlich sind die Schaltkreise samt Schaltern oder alternativ eine Steuerung für die verschiedenen Systemmöglichkeiten festzulegen. Parallel dazu wird die Notbeleuchtung geplant.

Über Typ und Anzahl der benötigten Leuchten, Lampen und Schaltmöglichkeiten, deren Einbaumöglichkeiten, sowie der zum Betrieb notwendigen Zusatzgeräte gelangt man zu einer vorläufigen Einschätzung der Kosten, die der Entwurf

und in der Folge der Betrieb der Anlage verursachen wird.

Unabhängig davon ist die Einhaltung des Budgets mit fortschreitender Planung immer wichtiger und eine Voraussetzung für den Erfolg eines Konzepts.

Gute Lösungen kann auch eine Lichtplanung bieten, die sich zunächst daran orientiert, die vorhandenen Normen und Bestimmungen zu erfüllen. Normen sind meistens Empfehlungen, die aber in gewerblicher Umgebung zusammen mit anderen Vorschriften, etwa den Arbeitsstättenrichtlinien, durchaus bindenden Charakter haben. Andere Vorschriften, etwa die zur Notbeleuchtung, sind auf jeden Fall einzuhalten.

Bestandteil der Entwurfsplanung ist auch die Abstimmung mit den Architekten und Ingenieuren sowie die Präsentation des Entwurfs beim Bauherrn.

Nach der Präsentation muss die Freigabe der Planung erfolgen. Dafür sind häufig Änderungswünsche von Seiten der Nutzer, des Architekten oder des Bauherrn zu berücksichtigen. Änderungen sind ökonomisch gesehen ein großes Problem für die Planungsbüros, da sie in der Regel honorarfrei verlangt werden, aber viel Aufwand erfordern. Die rechtlichen Aspekte dieses Problems sind im Beitrag »Die Stellung des Lichtplaners aus vertragsrechtlicher Sicht« (siehe Seite 84ff.) erörtert.

2–4 Fotos und Zeichnung der Clouds-Leuchte für die Decken im Collectionsbereich, Neues Mercedes-Benz Museum, Stuttgart (siehe Seite 57ff.)
Architekten: UN Studio van Berkel & Bos, Amsterdam
Tageslichtplanung: Transsolar Energietechnik und ULRIKE BRANDI LICHT

Die Entwurfs- und Ausführungsplanung in Beispielen

Entwurfsplanung: Flughafen Pudong, Shanghai

Der Lichtentwurf für die Abflughalle der Flughafenerweiterung Pudong in Shanghai zeigt beispielhaft, wie Lichtkonzepte entwickelt, formuliert, konkretisiert und präsentiert werden können. Dazu gehören neben den bereits oben skizzierten Gedanken zu einer gestalterischen Idee auch die technischen Voraussetzungen zur erfolgreichen Umsetzung des Entwurfes im Gebäude. Hinzu kommt die Sicht auf die Wirtschaftlichkeit von Beleuchtungsanlagen in Gebäuden dieser Größenordnung.

Der Entwurf muss nicht nur ästhetisch überzeugen, sondern auch technisch
· die nötigen Beleuchtungsstärken auf den gefragten Flächen einhalten,
· die Leuchtenpositionen so angeben, dass die Montage und Wartung technisch sinnvoll ist
· und dem Bauablauf des Gebäudes optimal entsprechen.
Den Beteiligten all diese Inhalte zu vermitteln, ist oft schwierig. Die wenigsten Planer können sich Licht in seiner Wirkung richtig vorstellen, es bedarf sehr guter Präsentationszeichnungen und treffender Beispiele, um einen Lichtentwurf überzeugend zu veranschaulichen.

Im Grunde ist der Entwurf eine Prinzipskizze, die Lichtrichtungen und Lichtverteilungen vorschlägt. Für den Flughafen Pudong werden bei der Plandarstellung außerdem Farben verwendet, um die verschiedenen Lichtbereiche zu charakterisieren.
Die Abflughalle soll indirekt über das Dach beleuchtet werden. Gutes Kunstlicht ist nicht einfach »hell« oder »dunkel«, sondern geht auf die spezifischen Gegebenheiten des Raumes ein, in diesem Falle auf das markante, geschwungene Dach, das nicht gleichmäßig, sondern dynamisch angestrahlt wird (Abb. 5a).
Die riesige Halle wird durch das Kunstlicht außerdem in verschiedene Bereiche unterteilt. So erhalten beispielsweise die Counter direktes Licht mit einer nutzungsbedingt höheren Beleuchtungsstärke. Die wenigen Wände in der offenen Halle eignen sich gut als orientierende »optische Stützpunkte«, und werden daher besonders hell beleuchtet.
Zu Beginn eines Entwurfes braucht man ein gutes Gespür dafür, was sich technisch umsetzen lässt. Hat der Planer durch – zunächst überschlägige – Berechnungen einige Sicherheit erlangt, beginnt die Suche nach günstigen Befestigungspunkten für die Leuchten und nach den möglichen Leuchtentypen (Abb. 5b). Sind sie gefunden, kann über die Bestückung (mit Leuchtmitteln) und die von der Leuchte und ihrem Reflektor entwickelte Lichtverteilung rechnerisch geprüft werden, ob der Entwurf den Erfordernissen an die Helligkeit genügt (Abb. 5c). Dabei ist dann die Anzahl der Leuchten mit ihrer Positionierung zusammenzuführen. Die im Entwurf vorgesehenen Leuchten sollten aus serienmäßiger Herstellung stammen. Sonderleuchten sind eine interessante Option in der Lichtplanung und für Sonderfunktionen auch kostenmäßig durchaus vertretbar. Aber die Um- oder Neukonstruktion einer Leuchte ist eine Designleistung, die anders als Planungsleistungen beauftragt werden sollte.

5 a–c Entwurfsplanung, Abflughalle, Flughafen
Pudong, Shanghai (im Bau)
Architekten: East China Architectural Design &
Research Institute (ECADI), Shanghai
Lichtplaner: ULRIKE BRANDI LICHT, Hamburg

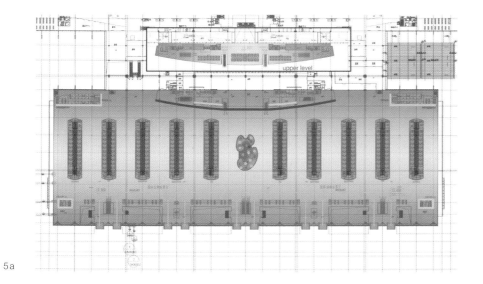

5a

Lichtarten
(Richtung und Verteilung)

indirekte Beleuchtung

direkte Beleuchtung

Vertikale
Wandbeleuchtung

Lichtpaneel

Bodeneinbauleuchte
als Orientierungslicht

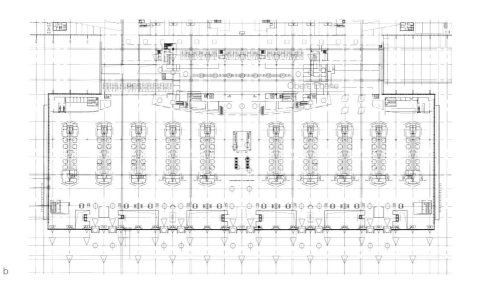

b

Leuchtentypen

▽ Mastleuchte

○ Downlights

— Beleuchtung der Wände

– – Lichtpaneel

Bodeneinbauleuchte

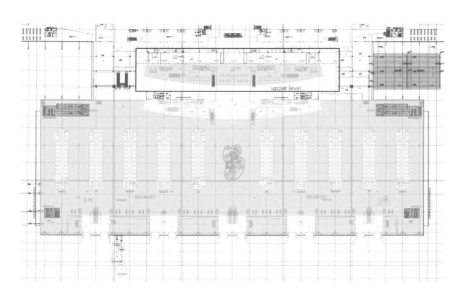

c

Beleuchtungsstärken

500 lx

300 lx

150–200 lx

6

Ausführungsplanung: Wellnesspark ELSE-Club, Moskau

Im Wellnesspark Alissa finden die Besucher Ruhe und Entspannung, Bewegung und sportliche Herausforderung. Beide Stimmungen greift auch der Lichtentwurf auf, nicht nur im Innern, sondern auch in der Wirkung nach Außen.

Die Höhe der Lichtpunkte bestimmt die Atmosphäre: niedrige Lichtpunkte lassen den Raum privat und edel wirken, mittelhohe Lichtpunkte auf Tischen und in Nischen schaffen Akzente und Lichtinseln.

Die übergeordneten Themen für das Licht sind »Wasser« und »Wald«, beide stellen Aspekte von Landschaft dar, in denen sich Menschen gerne entspannen und bewegen. Wenige Lichtprinzipien erzählen eine abwechslungsreiche »Lichtgeschichte« und machen die Atmosphäre im ELSE-Club angenehm und interessant.

Die Ausführungspläne wurden mit Autocad und speziellen (hausinternen) Applikationen im Maßstab 1:100 gezeichnet, bei kleineren Projekten kann man auch den Maßstab 1:50 wählen. Die Pläne sind vom Typ her Deckenspiegel und enthalten sämtliche Leuchtenpositionen mit Vermaßung. Jeder festen Leuchtenposition ist eine Leuchte mit ihrem zugehörigen Plansymbol zugeordnet. Sonderpositionen (beispielsweise bewegliche Leuchten samt technischem Zubehör oder temporäre Leuchtenpositonen) müssen unmissverständlich eingezeichnet und erfasst werden, geeignet sind farbige Kennzeichnungen. In manchen Fällen kann man die Leuchten »labeln«, auf Anomalien (beispielsweise wechselnde Einbauhöhen) verweist die Zeichnung dann mit erläuterndem Text. Inwieweit die Befestigungsteile auf dem Plan oder nur in den Leistungsverzeichnissen erfasst sind, sollte vorab geklärt werden.

Einen eigenen Charakter, der sie in der Zeichnung deutlich von den regulären Leuchten unterscheidet, sollte die Sicherheitsbeleuchtung haben.

Hochwertige Pläne erhalten zusätzlich einen Leuchtenindex in Listenform. Der Index enthält sämtliche auf dem Plan positionierten Teile nach ihrer Nummer, ihrem Typ, ihrer Bestückung, dem Hersteller und dessen Bestellnummer sowie (ganz wichtig) der Anzahl und dem zugehörigen Plansymbol.

Mit diesen Plänen ist die Ausführungsplanung Kunstlicht aber noch nicht abgeschlossen, denn das Leistungsbild umfasst auch die Detailplanung. Meistens handelt es sich hierbei um Pläne im Maßstab 1:10 oder 1:5 zu Einbausituationen oder Befestigungsdetails, auf handliches A4-Format gezeichnet oder von Hand skizziert.

Aus dem Planindex heraus entwickelt sich in der qualifizierten Ausführungsplanung eine illustrierte Auflistung der Leuchten in Form von Broschüren, Leuchtenbuch genannt. Im Leuchtenbuch ist der jeweilige Artikel abgebildet und spezifiziert. Diese Zusammenstellung erlaubt es dem Auftraggeber, die Leuchte unter optischen und weitergehenden funktionalen Gesichtspunkten zu beurteilen und ist ein wichtiges Steuerungsinstrument der Planung. Leuchten lassen sich mit Hilfe des Leuchtenbuches besser diskutieren oder in Alternativen vorstellen als auf den Plänen. Es lässt sich schnell übersehen, ob die vorgesehenen Bestückungen (die mögliche Auswahl der Lampen oder auch Leuchtmittel) wirtschaftlich sind. Manchmal ist es sinnvoll, den verschiedenen Leuchtensystemen (reguläre Leuchten, temporäre Leuchten, bewegliches Licht, Mietleuchten, Notbeleuchtung etc.) einzelne Leuchtenbücher zuzuordnen.

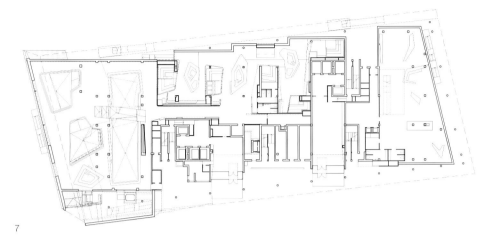

7

Ausschreibung und Vergabe

Das, was der Lichtplaner in seiner Entwurfs- und Ausführungsplanung erdacht hat, beschreibt er detailliert in der Phase der Vorbereitung der Vergabe. Leistungsverzeichnisse für das Gewerk Kunstlichtplanung enthalten in der Regel die Leuchten und deren Zubehör wie Blendkappen, Filter, Stromschienen oder Leuchtenmasten. Bei gründlicher Ausführungsplanung können die Leistungsverzeichnisse direkt aus den Leuchtenbüchern entwickelt werden. Tageslichtelemente nimmt der Architekt häufig nach Beratung des Lichtplaners in seine Ausschreibungen mit auf.

Technisch geschieht die Übergabe der CAD-Plandaten über Schnittstellen in die Datenbanken von Ausschreibungsprogrammen. Dort werden wiederum Schnittstellen erzeugt, über die Daten sowohl aus-, wie vom Bieter her wieder eingelesen und im Preisspiegel sowie für Einzelpositionen ausgewertet werden können.

Bis zur Gültigkeit einer EU-Norm regelt in Deutschland immer noch die DIN 276 die Unterteilung der Kostengruppen zur Erstellung eines Gebäudes. Unter der Überschrift »Starkstromanlagen« sind die Beleuchtungsanlagen zu finden (4.5). Sie sind unterteilt in allgemeine Beleuchtung (4.5.1.0), besondere Beleuchtung (4.5.2.0), Notbeleuchtung (4.5.3.0) und sonstige Beleuchtung (4.5.9.0).

Die Beleuchtungsanlage kann als kalkulatorisch autarker Abschnitt ein Teil des Leistungsverzeichnisses (LV) Elektroanlagen sein. In diesem Fall erhält der Elektroingenieur die Texte des Lichtplaners. Die andere Variante ist ein eigenes LV Leuchten und gegebenenfalls eine eigene Ausschreibung und separate Vergabe, weil die Leuchtenmontage im Bauablauf weit hinter den Elektroinstallationsarbeiten liegt. Leuchten unterscheiden sich von anderen am Bau benötigten Baustoffen und Ausbaumaterialien: Während man Laufmeter Sockelleisten oder Kubikmeter Beton herstellerneutral ausschreiben kann, ist das bei Leuchten schwierig. Schon bei Einbaudownlights, die auf den ersten Blick gleich aussehen, gibt es je nach Hersteller feine, aber entscheidende Unterschiede bezüglich der Materialqualität, der lichttechnischen Werte und der optischen Qualität der sichtbaren Einbauringe. Viele Bauherren lassen daher genau die vom Lichtplaner vorgeschlagene Leuchte ausschreiben; öffentliche Bauherren dagegen fordern eine herstellerneutrale Beschreibung der Leuchte: Erlaubt ist der Satz »Leitfabrikat Leuchte XY von Hersteller Z«, gefordert der Zusatz »oder gleichwertig«. Der Planer muss später die Gleichwertigkeit der alternativ angebotenen Leuchten überprüfen.

Das Ausschreibungsprocedere kann verschiedenen Auflagen unterliegen. Öffentliche Bauherren müssen in Deutschland bei hohen Auftragssummen europaweit ausschreiben, bundesweite und regionale oder eingeladene Ausschreibungen finden für kleinere Summen statt. Nur in Ausnahmefällen, bei besonders enger Terminplanung und geringem Auftragsvolumen, hat der öffentliche Bauherr das Recht, freihändig, das heißt ohne Ausschreibung, zu vergeben.

6, 7 Lichtentwurf und Grundriss,
Wellnesspark ELSE-Club, Moskau 2004
Architekten: Architekturbüro 4a, Stuttgart
Lichtplaner: ULRIKE BRANDI LICHT, Hamburg

8

Vorbemerkungen zum Leistungsverzeichnis
Die gewünschten Qualitätsmerkmale für die Beleuchtungsanlage sowie Angaben zur Montage müssen in den so genannten »Vorbemerkungen« zum Leistungsverzeichnis festgelegt werden. Sie können je nach Projekt erheblich differieren.

Für den Wellnesspark ELSE-Club sah das Profil der allgemeinen Qualitätsanforderungen so aus:

»Die Ausführung der nachstehend aufgeführten Leistungen verstehen sich komplett einschließlich allem zum Betrieb notwendigem Zubehör. Die einzelnen Positionsbeschreibungen enthalten Angaben, die die Leuchte verbindlich beschreiben. Alle Leuchten und Geräte müssen in ihrer Bauart den Unfallverhütungsvorschriften und den VDE-Bestimmungen in der jeweils gültigen Fassung entsprechen. Bei Sonderanfertigungen muss auf Verlangen ein GS-Nachweis erbracht werden. Alle elektrischen Einbauteile müssen das VDE-Prüfzeichen tragen. Alle Metallteile müssen aus korrosionsgeschütztem Material gefertigt sein.
Der Bauherr behält sich nach Bemusterung vor, die Leuchten in einer vom LV abweichenden Farbe auszuführen.
Alle angebotenen Leuchten müssen nach DIN EN 12464 und VDE 0710 bzw. DIN VDE O711 (entsprechend DIN EN 60 598) gebaut sein oder im Rahmen des CCA-Verfahrens als gleichwertig eingestuft sein. Dabei müssen auch Leuchten mit Erstzulassungen durch andere Prüfstellen mit deren Prüfzeichen von der VDE-Prüfstelle im Rahmen des CCA-Verfahrens nachträglich mit Vergabe des VDE-Zeichens genehmigt sein.

Leuchtmittel
Es werden Leuchtmittel in der Qualität der Firmen OSRAM oder Philips erwartet. Entladungslampen sollen, wenn bei entsprechender Bestückung möglich, Keramikbrenner enthalten (HCI oder CDM-T). Kompaktleuchtstofflampen und Leuchtstofflampen erhalten die Farbe warmweiß. Glühlampen-Leuchten müssen – soweit von der Wärmeentwicklung her erforderlich – mit Silikonleitungen verdrahtet sein, die Anschlussleitungen sind mit Silikonschläuchen zu überziehen.

Funkentstörungsgrad
Sämtliche Leuchten sind für Funkentstörungsgrad N auszulegen.

Sicherheitstransformatoren
Nach VDE 0551/IEC 742, brummarm, zugelassen auf Umgebungstemperatur bis +40°C, Überlastschutz, Spannungsabgriffe, dimmbar, Schutzart IP 65, Schutzklasse II.

Elektronische Transformatoren
Sicherheitstransformatoren 10 bis 50 VA nach VDE 0860/IEC 65 sowie 10 bis 105 VA nach VDE 0871 zulässige Umgebungstemperatur bis +60°C, dimmbar.

Vorschaltgeräte
Die Vorschaltgeräte müssen das VDE-Zeichen tragen. Abmessungen der Vorschaltgeräte nach DIN 4985, Nennspannung 230 V, auswechselbar, brummarm. Wenn nichts anderes gefordert ist, sind grundsätzlich elektronische, dimmbare und steuerbare EVGs einzusetzen.

Sämtliche Leuchten werden an einem Installations-Bus betrieben. Sie müssen für den Busbetrieb ausgelegt und dimmbar sein (siehe hierzu LV Steuerung).

8 Modellfoto, Wellnesspark ELSE-Club
Im Wellnesspark finden die Besucher Ruhe und Entspannung, Bewegung und sportliche Herausforderung. Beide Stimmungen strahlt auch das Licht aus, im Inneren und nach Außen.

Kondensatoren
Die Kompensationskondensatoren haben das VDE- und FP-Zeichen aufzuweisen, Entladewiderstand und Anschlussfahnen sind isoliert auszuführen.

Starter
Sicherheitsstarter

Verdrahtung
Die Verdrahtung ist betriebsfertig und fabrikmäßig hergestellt und am Gehäuse befestigt (Ausnahme: Systeme, wie vorher beschrieben). Die gesamte Verdrahtung ist so auszuführen, dass sie durch Wärmestrahlung der Vorschaltgeräte – auch im Falle eines Defektes – nicht beschädigt werden kann. Sie wird auf schraubenlose Steckklemmen für Durchgangsverdrahtung geführt, in die eine Mantelleitung bis 5 x 2,5 mm² eingeführt werden kann.
Ausführung für den Außenbereich bzw. Unterwasserbereich in entsprechender Eignung.

Raster und Reflektoren
Raster und Reflektoren sollen, wenn nicht anders gefordert, aus Aluminium hochglanz hergestellt sein, wobei das Material nach Verformung stationär auf AL 99, 98 mit einer Schichtdicke von ca. 10 my eloxiert ist.
Wird AL 99, 98 bandeloxiert verlangt, so ist hierauf besonders im Leistungsverzeichnis hingewiesen. Es ist dann eine Qualität zu wählen, die Farbzerlegungen nicht spürbar macht. Wird vom Bieter anstelle von stationär eloxiertem Aluminium eine Leuchte in dieser Qualität angeboten, so ist im Anschreiben dieses Angebots besonders darauf hinzuweisen. Wird eine Materialqualität von AL 99, 85 verlangt, so ist eine Qualität in Aluminium seidenglanz anzubieten mit 2 my voreloxiert. Das Material muss zusätzlich elektrolytisch geglänzt werden.

Als Schutzschicht kommt eine Eloxalschicht zur Anwendung, die die Oberfläche grifffest macht. Langzeitveränderungen dürfen nicht auftreten. Dies betrifft auch eventuell eingesetzte Kunststoffreflektoren.

Leistungsabgrenzung Material / Lohn
Lieferung aller Leuchten frei Baustelle inklusive Fracht und Verpackung, wobei auf der Verpackung eindeutig der Leuchtentyp von außen erkennbar sein muss. Enthaltene Frachtkosten müssen extra ausgewiesen sein.
Bei Spiegelrasterleuchten und Leuchten mit Glasabdeckungen wird eine getrennte Anlieferung von Leuchtengehäuse mit Einbauten und Spiegelreflektoren verlangt. Alternativ hierzu kann das Raster bei Leuchtenlieferung staubdicht verpackt sein und in die Leuchte während der Bauzeit verpackt eingehängt werden. Der Bieter ist auf Verlangen des Bauherrn dazu verpflichtet, kostenlose Muster zur Verfügung zu stellen.

Vorbereitung der Leuchtenmontage
Zur Montage der Leuchten gehört die im Vorfeld erstellte Zusammenfassung der einzelnen notwendigen Zuleitungen. Diese muss mit dem Hersteller und Monteur der Steuerung abgestimmt und den zuständigen Gewerken zur Verfügung gestellt werden.
Die Schnittstelle der Montage liegt an der Leuchtenklemme bzw. an der Klemme des Betriebsgerätes. Bei ausgelagerten Betriebsgeräten sind die notwendigen Leitungsführungen vom Auftragnehmer selbst eigenverantwortlich in Abstimmung mit den angrenzenden Gewerken durchzuführen. Insbesondere sei hier auf die Abstimmung mit dem ausführenden Gewerk der Steuerung hingewiesen.

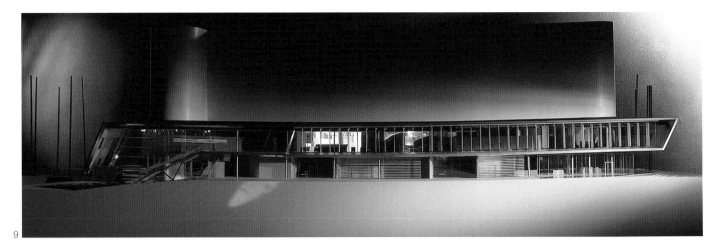

9

Leuchten ab Lager Baustelle auspacken und montieren einschließlich aller Ausricht- und Justierarbeiten. Dazu gehören, soweit nicht gesondert ausgeschrieben, das Anschließen, das Einsetzen und Ausrichten der Leuchtmittel und Starter, das Reinigen der Leuchten vor der Abnahme sowie Probeschalten einschließlich aller zur Abnahme erforderlichen Hilfeleistungen.

Es gehört ebenfalls die Vorhaltung aller erforderlichen Montagegeräte, die Vorhaltung der erforderlichen Messinstrumente, die Lieferung der Befestigungsmittel bzw. des Kleinmaterials einschließlich aller Kosten für Montageleitung und Beaufsichtigung dazu. Die hieraus entstehenden Kosten sind mit in die Einheitspreise einzurechnen.

Die Montage ist eigenverantwortlich in Abstimmung mit den zuständigen Gewerken durchzuführen.

Zur Leuchtenmontage gehört auch das Entfernen des Verpackungsmaterials der Leuchten und Leuchtmittel von der Baustelle ohne besondere Aufforderung der örtlichen Bauleitung. Dieses wird nicht gesondert vergütet und ist im Montagepreis der einzelnen Positionen mit einzukalkulieren.

Leuchtenbefestigung

Die Montagepläne zu den Positionen sind vom Auftragnehmer sofort nach Auftragserteilung zu erstellen bzw. zu überprüfen. Die Verantwortung für eine ordnungsgemäße und sichere Befestigung trägt allein der Auftragnehmer einschließlich aller Folgen, die sich aus mangelhafter Befestigung auch nach Ablauf der Gewährleistungsfrist ergeben.

Technische Daten zum Angebot

Mit der Abgabe des Angebots muss der Bieter für angebotene Leuchten Prospekte einreichen bzw. technische Zeichnungen und folgende technische Kennziffern in Form von Messprotokollen angeben:

- Leuchtenbetriebswirkungsgrad h (LB) in Prozent
- Blendungsbewertung nach DIN 5035 in Längs-Querrichtung
- Lichtverteilungskurve in den Ebenen 0–180° und 90–270°.«

Beispiel für eine Position im Leistungsverzeichnis

Die eigentliche Leistungsbeschreibung enthält alle Leuchten und Zubehörteile in nummerierten Einzelpositionen wie diesen:

»Strahler 04CD6503F-010 Fabrikat Ansorg Typ CD R, oder gleichwertig.

Einbaugehäuse mit 3 kardanisch verstellbaren Strahlern für QR-LP111, 100 W, allseitig um 42° schwenkbar.

Gehäuse:
Einbaugehäuse aus verzinktem Stahlblech, schwarz lackiert. Strahler und Einbaurahmen aus Aluminium, silbern pulverbeschichtet.

Reflektortechnik:
Wahlweise bestückbar mit Halogen-Reflektorlampen, Ausstrahlwinkel 4°, 8° oder 24°.

Technik:
ILCOS: HMGS/UB-111, Betrieb mit externem dimmbaren Transformator 15 NE 9426, Schutzart IP 20, Schutzklasse III.

Montage:
Die Montagesituation erfolgt in einem bauseits vorbereiteten Wandschlitz in einer Höhe von ca. 7 m.

Mit vorgesetzter Glasabdeckung (bauseits) nach Zeichnung Nr. UBL-D002 (Innenansichten und Schnitte).

Anschlusswerte pro Strahler:
12 V, 100 W, Betriebsgeräte dimmbar.

Abmessungen:
Breite = 170 mm
Länge (3 x QR-LP111) = 480 mm

Leuchten komplett mit allem Zubehör und Befestigungsmaterial sowie Leuchtmittel liefern, montieren und betriebsfertig anschließen.«

Diese beispielhafte Leistungsposition ist herstellerneutral. Dafür sorgen im ersten Absatz nach Nennung des gewünschten l lerstellers die beiden Worte »oder gleichwertig«.

Wie in anderen Gewerken prüft der Lichtplaner die Angebote auf sachliche und rechnerische Richtigkeit und erstellt einen oder mehrere Preisspiegel. Gegebenenfalls berät er den Bauherrn in den Bietergesprächen oder führt diese ohne den Bauherrn, da oft nur Unklarheiten ausgeräumt werden oder der Bieter aufgefordert wird, Dinge zu ergänzen oder zu erläutern. Planer und Bieter unterzeichnen ein Protokoll des Gesprächs, das Anlage zu einem eventuellen Vertrag werden kann.

Bei den Vergabeverhandlungen ist der Planer nicht zwingend anwesend. Wenn doch, kann er sich an den Preisverhandlungen beteiligen oder sie bewerten.

9 Modellfoto, Wellnesspark ELSE-Club; Schwimmbecken links und Fitnessareal rechts

Bauüberwachung

Der Baustellenbetrieb ist durch den meist hohen Zeitdruck, die Vielzahl der Beteiligten und die komplexe Materie sehr fehleranfällig. Zu Schwierigkeiten können beispielsweise Planungsfehler, schlechte Koordinierung der Gewerke, eine falsche Zeitplanung, Fehler der ausführenden Firmen, ausbleibende Lieferungen und auch fehlende Liquidität führen.

Eine gute Bauüberwachung zielt daher zuerst vorausschauend auf die Vermeidung von Fehlern und das reibungslose Zusammenspiel aller Beteiligten und erst in zweiter Linie auf Krisenmanagement. Viel Sorgfalt sollte auf die Definition der Schnittstellen zu anderen Gewerken, sei es auf Planer- oder auf Handwerkerebene, und auf die Ablaufplanung verwendet werden.
Idealerweise ist die Schnittstelle zum Elektroingenieur der Auslass des Kabels, die Leuchte ist im Zuständigkeitsbereich des Lichtplaners. Kompliziert kann es bereits bei Leuchten werden, die ein vom Hersteller montiertes kleines Stück Kabel haben. Geklärt werden muss auch, wer die Notbeleuchtung plant.
Neben dem Gewerk Elektroarbeiten (Kabel, Schalter, Steuerungen) werden folgende Gewerke tangiert: Deckenbauarbeiten (Ausschnitte für Einbauleuchten in Gipskartondecken), Schlosserarbeiten (spezielle Befestigungen zur Leuchtenmontage an Stahlbauteilen) und Malerarbeiten (Lackierarbeiten in der Leuchtenfarbe). Die Art der Zuordnung hängt von der Größe des Bauvorhabens und der einzelnen Gewerke ab.

Bei der Ablaufplanung, für die in erster Linie der Architekt verantwortlich ist, muss der Lichtplaner auf die Besonderheiten seines Gewerks hinweisen. Leuchten sollten beispielsweise erst nach den Malerarbeiten eingebaut werden. Anderseits wird man schwere Montagegerüste nur ungern auf den fertigen Bodenbelag setzen.
Im Bereich Lichtplanung wird die Bauüberwachung häufig von Elektroingenieuren übernommen. Dennoch empfiehlt es sich für den Lichtplaner, die Baustelle häufig zu besuchen – die dort gewonnenen Einblicke zahlen sich nicht nur für das aktuelle, sondern auch für zukünftige Projekte aus.

Die Erfahrung zeigt, dass eine gute Ausführungsplanung auf der Planerseite die beste Versicherung gegen mögliche Mängel in der Bauausführung ist.
Wichtig dabei ist die Qualität der Zeichnungen: Symbole, Legenden, Maßketten, Zusatzinformationen, Richtungen von Strahlern, Verweise auf eventuelle Detail- oder Schnittzeichnungen und Bezüge zu Einzelheiten oder anderen Bereichen müssen auf den ersten Blick lesbar sein. Die Pläne sollten, bevor sie zu den ausführenden Firmen auf die Baustelle gelangen, immer zuerst von den Architekten geprüft und abgezeichnet werden (Abweichungen hiervon nur auf ausdrücklichen und protokollierten Wunsch des Bauherrn oder Projektsteuerers). Nur so ist gewährleistet, dass der Handwerker den aktuellen und abgestimmten Planstand bekommt.

Ergänzend zu den Zeichnungen tritt die verbale Kommunikation vor Ort. Hier können Zielvorstellungen erläutert, gemeinsam Verbesserungen erarbeitet und Missverständnisse oder Probleme ausgeräumt werden. Finden Einzelgespräche zwischen Lichtplanern und Handwerkern statt und werden relevante Absprachen getroffen, sollte das Ergebnis oder das noch ungelöste Problem in einer Gesprächsnotiz schriftlich festgehalten und von den Beteiligten abgezeichnet werden.

10a   b   c

Den richtigen Ton zu treffen ist einerseits schwer und andererseits das Geheimnis einer guten Projektüberwachung. Sicher findet jeder seinen eigenen Stil. Eine kollegiale Zusammenarbeit macht Spaß, motiviert beide Seiten, und zum Schluss kann man sich über das gemeinsame Ergebnis freuen.

Tritt nun doch ein Fehler auf, ist es entscheidend, wie mit ihm umgegangen wird.
Einen großen Einfluss in diesem Zusammenhang hat der Bauherr oder sein Projektsteuerer. Dort, wo der Preis infolge mangelnden Qualitätsbewusstseins zu sehr gedrückt wurde oder die Bauherrenseite nur auf Fehler wartet, um die Preise reduzieren zu können, konzentriert sich das Engagement vor allem auf das Abwälzen von Verantwortung und nicht auf das Lösen der anstehenden Probleme. Wenn man seinen Auftragnehmern offen gegenüber steht und an der inhaltlichen Arbeit der Schadensbegrenzung mitwirkt, können meist praktische und gute Lösungen des Problems gefunden werden. Ein persönlich engagierter Bauherr ist daher das größte Glück für die Baustelle und damit für das Gebäude. Bei solchen Projekten ist auch unter den Beteiligten die Bereitschaft groß, sich gegenseitig zu unterstützen, statt Probleme zu bereiten. Wer selbst in auftauchende Fehler oder Verzögerungen verwickelt ist, sollte darauf hinwirken, dass der Fehler so schnell wie möglich aus der Welt geräumt wird. Ein Planer, der einen Fehler duldet, erbringt die Objektüberwachungsleistung nicht vertragsgemäß.
Erstes juristisches Mittel zur Fehlerbehebung ist das Protokoll, das den Fehler, den Verantwortlichen und einen Fertigstellungstermin nennt. Eine Abmahnung folgt, wenn der Fehler nicht fristgemäß behoben wird. Da der (Licht-) Planer kein Vertragsverhältnis mit der ausführenden

Firma hat, wird diese formal vom Bauherrn oder Projektsteuerer ausgesprochen, jedoch vom Planer initiiert und formuliert. Auch die Konsequenzen aus weiterer Leistungsverweigerung oder Unvermögen zieht der Bauherr, wie beispielsweise Einbehalt von Geldern oder Beauftragung Dritter mit der Fehlerbehebung.

Der nächste Schritt von Seiten des Planers wäre die Behinderungsanzeige. Mit ihr wird dem Bauherrn schriftlich zur Kenntnis gegeben, dass ihn ein anderer Beteiligter an der fristgerechten Ausführung seiner Leistung hindert. Die Verantwortung geht mit einer solchen Anzeige von demjenigen, der die Leistung zu erbringen hat, über zu dem, der sie behindert. Vorher sollten jedoch alle Möglichkeiten einer kooperativen Lösung ausgeschöpft werden. Allerdings muss man im eigenen Interesse eine schriftliche Behinderungsanzeige verfassen, wenn eine Gefährdung der eigenen Termine absehbar ist.
Wie mit Mängelrügen oder Schadensanzeigen von Seiten des Bauherrn umzugehen ist, wird im Beitrag »Die Stellung des Lichtplaners aus vertragsrechtlicher Sicht« (S. 84 ff.) erörtert.

Zum Abschluss der Bauphase hält das Bauabnahmeprotokoll den Zustand der erbrachten Leistungen fest. Es ist die Grundlage für die Schlussrechnung des Installateurs. Festgestellte Mängel oder Vorbehalte müssen innerhalb einer gesetzten Frist behoben werden oder führen zur Minderung der Rechnungssumme. Der Lichtplaner hat ein großes Interesse daran, dass Mängel tatsächlich behoben werden, denn schließlich möchte er seine Planung korrekt umgesetzt sehen. Planer und Bauherr werden daran gemessen, was gebaut wurde, und nicht, warum einiges anders realisiert wurde als geplant.

Für die Lichtleute etwas Besonderes gegen Ende der Objektüberwachung ist das »Einleuchten«. Dabei geht es um die endgültige Positionierung, Ausrichtung und Schaltung der Leuchten im nahezu fertigen Haus. Meistens geschieht dies nachts. Es wird überprüft, ob die Lichtstimmungen der ursprünglichen Vorstellung entsprechen. Wenn alles stimmt oder die Erwartungen sogar übertroffen werden, gehören diese Eindrücke zu den sehr schönen Momenten des Berufes.

Galerie de L'Evolution, Paris, Umbau 1994
Architekt: Chemetov + Huidobro, Paris
Szenographie: René Allio, Paris
Entwurfsplanung Licht: ULRIKE BRANDI LICHT, Hamburg
Für das Museums für Naturgeschichte im Pariser Jardin des Plantes mit seinen empfindlichen Exponaten in der zentralen Halle – im Zentrum die Parade der Tiere – entwickelten die Lichtplaner einen künstlichen Himmel, der als »ciel actif« Lichtstimmungen der Außenwelt (Tageslicht der verschiedenen Kontinente zu unterschiedlichen Tages- und Jahreszeiten) im Innern des Gebäudes zitiert.
Die zunächst vorgeschlagene Tageslichtdecke (siehe Seite 7), die die unterschiedlichen Lichtstimmungen des Tageslichts in das Innere des Gebäudes transportiert hätte, wurde zum Schutz der Exponate durch das Kunstlichtkonzept ausgetauscht.

10   a–c und rechte Seite: Lichtstimmungen

Die Stellung des Lichtplaners aus vertragsrechtlicher Sicht

Anja Storch

Im Rahmen der Vorbereitung und Durchführung eines Bau- und Planungsvorhabens treten vielfältige juristische Problemstellungen auf, deren Behandlung neben einer fachlich hochwertigen Leistung für das Gelingen des gesamten Projekts von enormer Bedeutung ist. Der Lichtplaner hat in seiner Eigenschaft als Sonderfachmann eine besondere Stellung im Rahmen eines Bau- und Planungsvorhabens, welche auch aus juristischer und vertragsrechtlicher Sicht zahlreiche Fragen aufwirft. Nachstehend sollen – ohne Anspruch auf Vollständigkeit – einige besonders relevante juristische Probleme dargestellt werden. Die komplexen Fragestellungen können im Rahmen dieser Darstellung lediglich angerissen werden und ersetzen nicht die juristische Beratung im Einzelfall.

Der Planervertrag

Der Grundstein für die reibungslose Abwicklung eines Projektes wird bereits bei Abschluss des Planervertrages gelegt. Dieser stellt die rechtliche Basis der Zusammenarbeit zwischen dem Lichtplaner und seinem Auftraggeber dar.

Vertragsschluss
Wichtig ist zunächst, dass zwischen dem Planer und seinem Auftraggeber überhaupt ein juristisch verbindlicher Vertrag geschlossen wird.
Vor Abschluss eines Vertrages sollte der Planer grundsätzlich keine Leistungen erbringen, da ihm ansonsten unter Umständen kein Vergütungsanspruch gegen den Auftraggeber zusteht. Dem Vertragsschluss kommt auch deshalb besondere Bedeutung zu, weil die Rechtsprechung bei Planern und Architekten von einer sehr weitgehenden Akquisitionsphase ausgeht. Für im Rahmen der Akquisition erbrachte Leistungen kann der Planer aber grundsätzlich keine Vergütung verlangen. Kann der Planer den Vertragsschluss nicht nachweisen, muss er daher damit rechnen, dass er einen Vergütungsanspruch nicht durchsetzen kann.
Der Vertragsschluss sollte schon aus Beweisgründen immer schriftlich erfolgen. Die Schriftform spielt darüber hinaus insbesondere für die Wirksamkeit der Honorarvereinbarung im Anwendungsbereich der HOAI eine Rolle (§ 4 Abs. 1 HOAI). Fehlt es an einer schriftlichen Honorarvereinbarung bei Auftragserteilung, so gelten in diesem Bereich die jeweiligen Mindestsätze nach HOAI als vereinbart (§ 4 Abs. 4 HOAI).

Vertragsparteien
Eine weitere – bereits im Rahmen der Vertragsverhandlungen zu klärende – Frage ist die der Vertragsparteien des Planervertrages. Zwar mag dies banal klingen, in der Praxis ist es für den Lichtplaner jedoch keineswegs immer offensichtlich, wer eigentlich sein Vertragspartner und Auftraggeber ist. Dies liegt vor allem daran, dass der Lichtplaner häufig nicht von dem Auftraggeber des zu planenden Projektes (Bauherr) beauftragt, sondern aufgrund eines Subplanervertrages mit einem Architekten, Projektsteuerer oder einem weiteren Subplaner tätig wird. Insbesondere wenn sich der Bauherr im Rahmen der Vertragsverhandlungen und des Vertragsschlusses durch einen Architekten, Projektsteuerer oder sonstigen Dritten vertreten lässt, ist genau zu klären, ob der Dritte als Vertreter des Bauherrn den Vertrag in dessen Namen und für diesen oder im eigenen Namen mit dem Lichtplaner abschließt. Tritt auf Seiten des Vertragspartners bei Vertragsschluss ein Dritter – Architekt oder Projektsteuerer – als Vertreter auf, sollte der Lichtplaner den Nachweis verlangen, dass dieser zum Abschluss des Vertrages bevollmächtigt ist.
Auch wenn sich der eigentliche Vertragspartner im Rahmen des Vertragsschlusses oder bei der späteren Bau- und Planungsabwicklung durch einen Dritten – häufig einen Architekten oder Projektsteuerer – vertreten lässt, sollte immer der Vertragspartner selbst Adressat wichtiger und rechtlich bedeutsamer Erklärungen sein. Denn dem Lichtplaner ist die Reichweite der Vollmacht, die einem Dritten erteilt wurde, meist nicht bekannt. Ist dieser zur Entgegennahme bestimmter Erklärungen nicht bevollmächtigt, besteht die Gefahr, dass diese gegenüber dem Vertragspartner keine Wirkung entfalten.

Leistungsumfang und Vergütung
Welche Leistungen der Lichtplaner zu erbringen hat, welche Vergütung er wofür verlangen kann, welche gegenseitigen Verpflichtungen den Vertragsparteien ansonsten obliegen – all dies richtet sich in erster Linie nach den zwischen den Parteien getroffenen vertraglichen Vereinbarungen. Aus diesem Grunde sollte auf den Inhalt des Vertrages und hierbei vor allem auf die Beschreibung der vertraglich geschuldeten Leistung besonderer Wert gelegt werden.
Grundsätzlich ist es darüber hinaus aus Sicht beider Parteien sinnvoll, neben Leistungsumfang und Vergütung auch die

ansonsten für die Vertragsdurchführung wichtigen und nachstehend näher dargelegten Punkte in einem Vertrag zu regeln, damit im Falle von späteren Konflikten auf klare Vereinbarungen zurückgegriffen werden kann.

- Häufig wird in Planerverträgen bezüglich des vereinbarten Leistungsumfangs ausschließlich auf die Regelungen der HOAI verwiesen. Dies beruht auf dem Irrtum, die HOAI regele den Umfang der von dem Planer im Rahmen des Vertrags zu erbringenden und geschuldeten Leistung. Entgegen dieser Auffassung stellt die HOAI jedoch reines Preisrecht dar, d.h. sie regelt ausschließlich die Frage, welche Vergütung der Planer verlangen kann, *sofern* er bestimmte vertraglich vereinbarte Leistungen erbracht hat (BGH BauR 1997, 154). Welche Leistungen der Planer jedoch im Rahmen eines Vertrages tatsächlich zu erbringen hat, geht aus der HOAI nicht hervor, sondern richtet sich ausschließlich nach der zwischen Planer und Auftraggeber getroffenen vertraglichen Vereinbarung.
Der vertragliche Leistungsumfang muss daher im Planervertrag definiert werden. Es ist insbesondere im Bereich von Fachplanungen davon abzuraten, für den Leistungsumfang ausschließlich auf die Regelungen der HOAI zu verweisen und diese damit als vertragliche Leistung zu vereinbaren, da die Leistungsbilder der HOAI in ihrer Allgemeinheit die von einem Fachplaner üblicherweise zu erbringenden Leistungen nicht präzise genug beschreiben. So führt der für den Bereich der Lichtplanung relevante Leistungskatalog des § 73 HOAI keine lichtplanungsspezifischen Tätigkeiten auf, sondern versucht stattdessen das Leistungsbild »Technische Ausrüstung« allgemein zu erfassen. Die allgemeinen Leistungskataloge der HOAI berücksichtigen selbstverständlich auch nicht die jeweiligen Besonderheiten des konkreten Projektes und können schon deshalb nur Anhaltspunkte für die Beschreibung der vertraglichen Leistung liefern.
Nur durch eine präzise Beschreibung der Leistungen im Vertrag kann der Planer verhindern, dass er im Falle von späteren Streitigkeiten über den vertraglichen Leistungsumfang aufgrund einer unklaren Leistungsbeschreibung möglicherweise ohne zusätzliche Vergütung Leistungen erbringen muss, welche er bei Abgabe seines Angebotes nicht kalkuliert hat.

Im Vergleich zu Bauverträgen ist die Beschreibung der vertraglichen Leistung bei Planerverträgen schwieriger, da der Planungsprozess dynamisch ist, d.h. das geschuldete Planungswerk bei Vertragsschluss häufig noch nicht genau beschrieben werden kann, sondern sich erst mit Fortschreiten der Planung konkretisiert. Trotzdem sollte aus vorstehenden Gründen versucht werden, den Leistungsumfang so konkret wie möglich zu definieren.

- Es sollte aus Planersicht zudem vermieden werden, im Rahmen eines Vollauftrages auch die Leistungsphase 9 (Objektbetreuung und Dokumentation) zu vereinbaren.
Wird in dem Vertrag keine gesonderte Regelung getroffen, führt dies nämlich dazu, dass die gesamte Vergütung des Planers erst mit Abschluss der Leistungsphase 9 – und damit erst mit Ablauf der Gewährleistungsfrist der ausführenden Unternehmen – fällig wird. Darüber hinaus wird die gesamte Planerleistung in diesem Fall mangels abweichender vertraglicher Vereinbarung auch erst nach Abschluss der Leistungsphase 9 abgenommen. Da die Gewährleistungsfrist für die Leistungen des Planers erst mit Abnahme beginnt, verlängert sie sich damit gegebenenfalls von den üblichen fünf auf bis zu zehn Jahre.
Die Vereinbarung der Leistungsphase 9 im Rahmen eines einheitlichen Vertrages hat damit weit reichende Konsequenzen, denen lediglich ein Vergütungsanspruch von 3% der Gesamtvergütung gegenübersteht. Soll die Leistungsphase 9 daher von dem Planer mit erbracht werden, empfiehlt sich eine stufenweise Beauftragung bzw. ein gesonderter Vertrag über die Leistungsphase 9.

- Bezüglich der Vergütung der Planungsleistungen ist im Anwendungsbereich der HOAI darauf zu achten, dass sich das Honorar zwischen den Mindest- und Höchstsätzen der HOAI bewegt (§ 4 HOAI).

- Neben der vertraglich geschuldeten Leistung und der vereinbarten Vergütung sollte ein Planervertrag sinnvollerweise noch weitere, für das Verhältnis der Vertragsparteien wichtige Punkte regeln.
Zu denken ist insbesondere an Haftungs- und Gewährleistungsregelungen, die Vereinbarung von Abschlagszahlungen und ggf. eines Zahlungsplanes, die

Vollmacht des Planers, Fragen des Urheberrechts, die Vereinbarung von Sicherheiten, Regelungen zur Abnahme der Planerleistung sowie Fragen der – insbesondere vorzeitigen – Vertragsbeendigung.

Es sollte ferner im Interesse beider Parteien ein verbindlicher Terminplan vereinbart werden.

In Verträgen mit internationalem Bezug sollte zudem eine Regelung bezüglich des anwendbaren Rechts und des Gerichtsstands aufgenommen werden.

Störungen in der Vertragsdurchführung
Der Lichtplaner hat als Sonderplaner die Interessen verschiedener Bau- und Planungsbeteiligter in Einklang zu bringen und muss deshalb in besonderer Weise auf die Wahrung seiner vertraglichen und gesetzlichen Rechte und Pflichten achten. Diesem Grundsatz kommt insbesondere dann Bedeutung zu, wenn Störungen im Planungs- und Bauverlauf auftreten. Beide Vertragsparteien haben Pflichten, an deren Verletzung die gesetzlichen Regelungen verschiedene Konsequenzen knüpfen.

Vertragspflichten und Obliegenheiten des Auftraggebers
Dem Auftraggeber obliegen gegenüber dem Planer neben der Zahlung der vereinbarten Vergütung zahlreiche Mitwirkungs- und Koordinationspflichten, welche für einen reibungslosen Ablauf des Planungs- und Bauvorhabens erforderlich sind, insbesondere

- Bereitstellung von Plänen und Unterlagen sowie Erteilung von Anweisungen,
- Beschreibung des gewünschten Werkerfolges,
- Treffen notwendiger Entscheidungen,
- zeitgerechte Reaktion auf Anfragen und Hinweise des Planers,
- Terminplanung/Bauablaufplan,
- Schnittstellenvorgabe,
- Integration der verschiedenen Fachplanungen,
- Abruf und Abnahme der Leistung,
- Einhaltung eines Zahlungsplans.

Vertragspflichten des Lichtplaners
Auch dem Planer obliegen gegenüber dem Auftraggeber neben der mängelfreien Herstellung des vereinbarten Werkes zahlreiche weitere Pflichten, insbesondere

- weit reichende Beratungs- und Hinweispflichten,
- Planungs- und Prüfungspflichten,

- Pflicht zur projektbegleitenden Kostenkontrolle,
- Verhandlungs- und Mitwirkungspflichten (bei Behördengesprächen, Kostenermittlungen, etc.),
- allgemeine Kooperations- und Koordinationspflichten,
- Dokumentationspflichten.

Kommt es zu Störungen in der Vertragsdurchführung, insbesondere durch Verletzung von Vertragspflichten oder Obliegenheiten durch eine – oder beide – Vertragspartei(en), stehen der jeweils anderen Partei unter den im Gesetz benannten Voraussetzungen verschiedene Rechte zur Wahrung ihrer Interessen zu. Vor allem die nachfolgenden typischen Störungen haben in der Praxis besondere Bedeutung.

Behinderungen und Verletzung von Mitwirkungspflichten durch den Auftraggeber
Damit der Lichtplaner seine Leistung vertragsgemäß und zeitgerecht erbringen kann, ist die Mitwirkung des Auftraggebers erforderlich. Es handelt sich hierbei insbesondere um die termingerechte Übergabe von – für die Planung erforderlichen – Unterlagen sowie die zeitliche und fachliche Koordination mit den anderen Bau- und Planungsbeteiligten. Kommt der Auftraggeber seinen Mitwirkungspflichten nicht zeitgerecht nach und ist der Planer dadurch in der Erbringung seiner Leistung behindert, sollte er dem Auftraggeber unverzüglich seine Leistungsbereitschaft anzeigen und ihn unter Fristsetzung zur Nachholung der unterbliebenen Handlung auffordern. Es empfiehlt sich auch, deutlich auf die mit der Verletzung der Mitwirkungspflichten verbundenen Konsequenzen hinzuweisen. Kommt der Auftraggeber der Aufforderung zur Nachholung der unterbliebenen Handlung nicht innerhalb der gesetzten Frist nach, stehen dem Planer Entschädigungsansprüche (§ 642 BGB) sowie unter weiteren Voraussetzungen (§ 643 BGB) auch ein Kündigungsrecht zu.

Planungsänderungen
Im Rahmen der meisten Planerverträge kommt es während des Planungsverlaufs zu zahlreichen – vom Auftraggeber geforderten – Planungsänderungen. Für den Planer stellt sich in diesem Falle vor allem die Frage, ob ihm aufgrund der Planungsänderung zusätzliche Vergütungsansprüche zustehen.
Hier wird jedoch überwiegend vertreten, dass der Planer für den dynamischen

Planungsprozess, der zwingend mit Planungsänderungen verbunden ist, grundsätzlich keine zusätzliche Vergütung verlangen kann.

Inwieweit darüber hinausgehende Planungsänderungen gesondert zu honorieren sind, ist dagegen weitgehend eine Frage des Einzelfalls. Insbesondere sind vergütungspflichtige Planungsänderungen von so genannten Optimierungsleistungen bzw. Alternativlösungen abzugrenzen, welche im Rahmen des ursprünglichen Auftrages bei unverändertem Planungsziel ohne Zusatzvergütung geschuldet werden. Als Anhaltspunkt wird man davon ausgehen können, dass Änderungen dann vergütungspflichtig sind, wenn der Auftraggeber sie verlangt, nachdem er die aufgrund des Vertrages gefertigte Entwurfsplanung des Planers als Vertragserfüllung akzeptiert hat.

Bedenken

Wie bereits dargelegt, treffen den Planer gegenüber seinem Auftraggeber weit reichende Prüfungs- und Hinweispflichten. Dies bedeutet, dass er dem Auftraggeber seine Bedenken gegen die Art der vom Auftraggeber gewünschten Ausführung, gegen Planungsänderungen oder gegen die Qualität der gewünschten Produkte unverzüglich und möglichst konkret mitteilen muss.

Im Interesse des Planers sollte in derartigen Bedenkenanmeldungen auch der Hinweis nicht fehlen, dass keine Haftung für Mängel oder Schäden übernommen wird, welche aus der kritisierten Maßnahme entstehen, sofern diese entgegen der von dem Planer geäußerten Bedenken umgesetzt wird.

Mängel der Planungsleistung

Mängel der Planungsleistung führen in Anbetracht des üblicherweise herrschenden Zeitdrucks während eines Bau- und Planungsvorhabens sowie des Schadensrisikos üblicherweise zu kritischen Situationen zwischen dem Planer und seinem Auftraggeber. Hier ist es für den Planer besonders wichtig, über seine Rechte und Pflichten im Hinblick auf die mangelhafte Leistung informiert zu sein.

Treten die Mängel der Planungsleistung bereits vor dem vertraglich vereinbarten Termin zur Fertigstellung auf, so kann sich der Planer grundsätzlich darauf berufen, dass seine Leistung noch nicht fällig ist, und die Mängel bis zum vereinbarten Fertigstellungstermin beseitigen oder ein neues Werk herstellen.

Treten Mängel nach Fertigstellung der Planungsleistung auf, so hat der Planer zunächst das Recht und die Pflicht zur Nacherfüllung, solange der Mangel noch abgestellt werden kann. Bei Planungsleistungen kommt daher eine Nacherfüllung in der Regel nur in Betracht, solange sich der Planungsfehler noch nicht im Bauwerk realisiert hat bzw. die Mangelbeseitigung nur mit neuen Planunterlagen erfolgen kann. Die Nacherfüllung kann in diesem Fall nach Wahl des Planers entweder durch Beseitigung des Mangels oder aber durch Herstellung eines neuen Werkes erfolgen.

Kommt der Planer dem Nacherfüllungsverlangen des Auftraggebers nicht innerhalb angemessener Frist nach, so hat der Auftraggeber unter den gesetzlichen Voraussetzungen das Recht, die Mängel im Wege der Selbstvornahme auf Kosten des Planers beseitigen zu lassen, Minderung des Planerhonorars zu verlangen, von dem Vertrag zurückzutreten oder – im Falle des Verschuldens des Planers – Schadensersatzansprüche geltend zu machen.

Bei Vorliegen eines Mangels steht dem Auftraggeber hinsichtlich des Planerhonorars zudem ein Zurückbehaltungsrecht »mindestens in Höhe des Dreifachen der für die Beseitigung der Mängel erforderlichen Kosten« zu (§ 642 Abs. 3 BGB), solange der Mangel noch beseitigt werden kann.

Nichtleistung von Abschlagszahlungen

Da sich die Abwicklung eines Planungsauftrages üblicherweise – insbesondere bei Vereinbarung auch der Leistungsphase 9 – über einen längeren Zeitraum erstreckt und der Planer nach der gesetzlichen Regelung zur Vorleistung verpflichtet ist, ist es für diesen meist von erheblicher wirtschaftlicher Bedeutung, ob und in welchem Umfang er bereits vor Fertigstellung der Planung Abschlagszahlungen von seinem Auftraggeber verlangen kann.

Nach HOAI (§ 8 Abs. 2) können Abschlagszahlungen in angemessenen zeitlichen Abständen für nachgewiesene Leistungen gefordert werden. Voraussetzung für die Fälligkeit von Abschlagszahlungen ist neben einer nachgewiesenen mängelfreien Leistung nach der höchstrichterlichen Rechtsprechung auch der Zugang einer prüffähigen Abschlagsrechnung beim Auftraggeber (BGH BauR 1999, 267). Da der Planer den Zugang der Abschlagsrechnung beim Auftraggeber im Falle von Streitigkeiten beweisen muss, sollte er den Zugang durch geeignete Maßnahmen (beispielsweise Einschreiben mit Rückschein) nachweisen können.

Bisher nicht endgültig entschieden ist die Frage, ob § 8 Abs. 2 HOAI möglicherweise gegen die gesetzliche Regelung des § 632a BGB verstößt, da diese Abschlagszahlungen nur unter wesentlich strengeren Voraussetzungen als die HOAI zulässt. Nach BGB können Abschlagszahlungen unter anderem nur dann verlangt werden, wenn dem Besteller Eigentum an den Teilen des Werkes, den Stoffen oder Bauteilen übertragen oder Sicherheit geleistet wird. Da bei einer Planungsleistung eine Eigentumsübertragung meist nicht in Betracht kommt, könnte ein Planer nach der gesetzlichen Regelung Abschlagszahlungen daher nur gegen Sicherheitsleistung verlangen. Zwar dürfte die abweichende Regelung der HOAI nach herrschender Auffassung in Literatur und Rechtsprechung auch weiterhin wirksam sein, bis zu einer verbindlichen Klärung dieser Frage empfiehlt es sich aber, das Recht auf Abschlagszahlungen im Rahmen des Planervertrages noch einmal gesondert zu vereinbaren.

Bezahlt der Auftraggeber fällige Abschlagsforderungen nicht, kann dies ein Recht des Planers zur fristlosen Kündigung des Vertrages aus wichtigem Grunde begründen. Der Planer sollte jedoch vor Ausspruch der fristlosen Kündigung sehr genau prüfen, ob die Voraussetzungen für eine fällige Abschlagsforderung wirklich vorliegen, da er sich bei einer unberechtigten Kündigung möglichen Schadensersatzansprüchen des Auftraggebers aussetzt.

Der Planer sollte unabhängig davon, ob bereits Störungen in der Vertragsbeziehung aufgetreten sind, im eigenen Interesse von Anfang an für eine sorgfältige schriftliche Dokumentation sämtlicher Vereinbarungen mit dem Auftraggeber, etwa erteilter Hinweise und Bedenken sowie relevanter Ereignisse auf der Baustelle sorgen. Die Dokumentation kann beispielsweise aus Besprechungsprotokollen, Akten- und Telefonnotizen sowie Schreiben an den Auftraggeber bestehen. Im Interesse beider Parteien sollte der Planer während der gesamten Dauer der Vertragsbeziehung darauf achten, dass mögliche Störungen und Konflikte frühzeitig erkannt und behoben werden. Gelingt die außergerichtliche Lösung von Konflikten nicht, erleichtert eine umfangreiche und sorgfältige Dokumentation die Durchsetzung der Planerrechte im Rahmen eines Rechtsstreits.

Honorarschlussrechnung

Erhebliche Relevanz kommt schließlich der Abrechnung eines Planervertrages zu. Die Frage der Prüffähigkeit von Honorarschlussrechnungen beschäftigt hierbei aufgrund der relativ komplizierten Abrechnungsvorgaben der HOAI zahllose Gerichte. Da von der Prüffähigkeit der Rechnung (neben der vertragsgemäßen Erbringung der geschuldeten Leistung und dem Zugang der Schlussrechnung beim Auftraggeber) jedoch die Fälligkeit des Honoraranspruches abhängt, sollte auf die Erstellung der Honorarschlussrechnung besonderer Wert gelegt werden.

Nachstehend soll ein kurzer Überblick über die Regelungen der HOAI zur Abrechnung der Planerleistung gegeben werden. Wegen der zahlreichen, von der Rechtsprechung entwickelten Grundsätze zu den Anforderungen an die Schlussrechnung des Planers ist jedoch die Einholung juristischen Rates im Einzelfall zu empfehlen.

Anforderungen der HOAI

Die Honorarrechnung muss den Anforderungen der HOAI für den Bereich der Lichtplanung (§ 69ff.) entsprechen. Grundlage des Honorars sind nach § 69 Abs. 1 die anrechenbaren Kosten (§ 69 Abs. 3), die Honorarzone (§ 71, 72), die Honorartafel (§ 74) sowie die erbrachten Leistungen und deren Bewertung nach Prozentsätzen (§ 73).

Vor allem die korrekte Ermittlung der anrechenbaren Kosten ist in der Praxis eine häufige Fehlerquelle. Die anrechenbaren Kosten werden bestimmt und begrenzt durch den Vertragsgegenstand. Sie richten sich bei einem Fachplaner nach den Kosten seines Gewerks und sind nach den Kostenermittlungsarten der DIN 276 (Fassung April 1981) zu ermitteln. Im Rahmen eines Vollauftrages hat der Planer daher eine Kostenschätzung, eine Kostenberechnung, einen Kostenanschlag und eine Kostenfeststellung zu erstellen. Die verschiedenen Kostenermittlungsarten unterscheiden sich insbesondere hinsichtlich ihrer Genauigkeit, da die anrechenbaren Kosten im Verlauf des Planungsvorhabens immer präziser bestimmt werden können.

Die Honorarberechnung erfolgt sodann auf Grundlage der anrechenbaren Kosten, wobei für die unterschiedlichen Leistungsphasen auch die anrechenbaren Kosten nach unterschiedlichen Kostenermittlungsarten bestimmt werden müssen. So werden die Leistungsphasen 1 bis 4 nach der Kostenberechnung (soweit diese nicht vorliegt, nach der Kostenschätzung), die Leistungsphasen 5 bis 7 nach dem Kostenanschlag (soweit dieser nicht vorliegt, nach der Kostenberechnung) und die Leistungsphasen 8 und 9 nach der Kostenfeststellung (soweit diese nicht vorliegt, nach dem Kostenanschlag) abgerechnet.

Bei der Ermittlung der Honorarzone unterscheidet die HOAI für den Bereich der Lichtplanung (§ 72 HOAI) zwischen Beleuchtungsanlagen nach der Wirkungsgrad-Berechnungsmethode (Zone II, durchschnittliche Planungsanforderungen) und Beleuchtungsanlagen nach der Punkt für Punkt-Berechnungsmethode (Zone III, hohe Planungsanforderungen). Diese Unterteilung dürfte technisch überholt sein, so dass im Bereich der heutigen Lichtplanung meist die Honorarzone III einschlägig sein wird.

Für die Berechnung des Honorars ferner maßgeblich ist die Honorartafel (§ 74 HOAI). Für die Prüffähigkeit der Honorarrechnung ist es hierbei ausreichend, das Ergebnis der Interpolation anzugeben, der Interpolationsvorgang selbst muss in der Rechnung nicht dargestellt werden.

Welche Leistungen im Einzelnen erbracht wurden, ist in der Schlussrechnung nachvollziehbar darzustellen (§ 73 HOAI).

Vorzeitige Vertragsbeendigung
Die prüffähige Abrechnung eines vorzeitig, meist durch Kündigung beendeten Vertrags ist sehr komplex, eine juristische Begleitung im Einzelfall ist hier besonders zu empfehlen.
Dies gilt insbesondere dann, wenn der Vertrag durch eine grundlose (so genannte »freie«) Kündigung des Auftraggebers beendet wurde, da der Planer dann neben den erbrachten Leistungen auch die nicht erbrachten Leistungen abzüglich ersparter Aufwendungen und etwaigem anderweitigen Erwerb abrechnen kann (§ 649 BGB).
In diesem Fall ist die Schlussrechnung in erbrachte und nicht erbrachte Leistungen zu unterteilen. Bei den nicht erbrachten Leistungen muss nachvollziehbar werden, welche Aufwendungen (Personal- und Materialkosten, projektbezogene Gemeinkosten) der Planer aufgrund der vorzeitigen Beendigung des Vertrages konkret erspart hat bzw. ob und gegebenenfalls in welcher Höhe er durch die vorzeitige Vertragsbeendigung anderweitigen Erwerb hatte.

Zustellungsnachweis
Schließlich sollte auch der Zugang der Honorarschlussrechnung beim Auftraggeber durch geeignete Maßnahmen sichergestellt werden (beispielsweise Einschreiben mit Rückschein). Nach neuerer Rechtsprechung des BGH kann der Auftraggeber Einwendungen gegen die Prüfbarkeit der Schlussrechnung nur innerhalb von zwei Monaten ab Zugang der Rechnung geltend machen (BGH vom 27. November 2003, Az.: VII ZR 288/02).

Zusammenfassung
Neben den Erfordernissen einer fachlich und qualitativ hochwertigen Leistung stellt ein Planungsvorhaben auch in juristischer Hinsicht zahlreiche Anforderungen an den Planer. Je besser ein Planer bereits im Vorfeld seiner Tätigkeit über seine Rechte und Pflichten informiert ist, desto eher können kosten- und zeitintensive Störungen während der Vertragsdurchführung bzw. Streitigkeiten nach Abschluss eines Planungsvorhabens vermieden werden.

Tageslicht als Baustoff

Merete Madsen
Peter Thule Kristensen

1

In der Architektur des 20. Jahrhunderts wird Tageslicht zu einem zentralen Thema. Tageslicht nicht nur als Mittel, um Licht in die Häuser zu bringen oder als ein traditionelles Symbol für das Tranzendente, sondern Tageslicht als eigener Baustoff, der durch Architektur in Szene gesetzt ist. Gleichzeitig wird Tageslicht mehr und mehr dazu genutzt, Raum – eine maßgebende Größe in der modernen Architektur – zu gestalten und aufzulösen. Raum wird Anfang des 20. Jahrhunderts nicht mehr nur als negativer Leerraum zwischen Wänden, sondern als etwas Eigenständiges, eine grenzenlose Fülle betrachtet. Und gerade Tageslicht kann einen konturlosen Raum auf eine fast stoffliche Art gestalten – genauso wie es in einem flüchtigen Strahl den Augenblick intensiv erlebbar machen kann. Der Raum erhält eine besondere Bedeutung, wie sie etwa in den Bildern des dänischen Malers Vilhelm Hammershøi thematisiert wird (Abb. 1). Betrachtet man Tageslicht unter diesem Aspekt, so ist es nicht primär aus funktionalen und physiologischen Gründen notwendig, wie etwa im Funktionalismus proklamiert. In vielen bedeutenden Bauten des 20. Jahrhunderts dient Tageslicht ebenso dazu, Stimmung und Bewegung zu erzeugen, den Raum auf eine neue Art zu artikulieren.

Bereits im 19. Jahrhundert werden Werte und Symbole immer kurzlebiger, die bisher bekannte und als ewig gültig empfundene Weltordnung ist aufgehoben, auch in der Architektur werden traditionelle Positionen hinterfragt. Dies fordert die Kreativität, die künstlerische Energie und Experimentierfreude der Architekten, Licht und Raum werden als eigenständige Phänomene erforscht.
Es ist interessant zu verfolgen, wie Tageslicht zum »Baustoff« wird, der dazu beiträgt moderne Räume zu formen. Was sind es für Räume, die das Tageslicht

und dessen Begleiter, der Schatten, mitgestalten? Und wie kann Tageslicht dazu beitragen, diesen Räumen eine besondere, eine spirituelle Stimmung zu verleihen, die in unserer schnelllebigen Welt durch den Verlust einer allgemein gültigen, traditionellen oder religiösen Bildsprache schwierig zu vermitteln ist?
Die folgende Auswahl europäischer Beispiele zeigt, wie Tageslicht als Baustoff im 20. Jahrhundert entdeckt und eingesetzt wurde: in den Bauten von Mies van der Rohe und Le Corbusier betont das Tageslicht mit Hilfe von Reflexen oder durch ein komplexes Zusammenspiel von mehreren gleichzeitig auftretenden Lichtquellen eine räumliche Vielschichtigkeit. In den Werken anderer Architekten findet man Beispiele, in denen Tageslicht als Streiflicht ein eigenständiges Gestaltungsmittel ist, bei wiederum anderen erzeugt gebrochenes Licht einen spirituellen Charakter. Wir sehen weiter Beispiele, in denen das Licht Orte in einem sonst offenen Raum lokalisiert oder aber durch Schlagschatten Zeichencharakter erhält. Schließlich gibt es Beispiele, bei denen weiches Tageslicht beinahe schwerelose Räume schafft. Die Projekte sind chronologisch geordnet und enden mit einem Ausblick auf aktuelle Tendenzen.

Lichtreflexe
Die Eigenschaft von Glas, räumliche Verbindung durch Transparenz zu schaffen, wird bei vielen Architekten des 20. Jahrhunderts zu einem wichtigen Gestaltungselement. Als Inspirationsquelle dient ihnen die Industriearchitektur des 19. Jahrhunderts, in der neue Materialien und die sich daraus ergebenden konstruktiven Möglichkeiten wie z. B. Stahlkonstruktionen große Glasflächen erst ermöglichen. Glas kann darüber hinaus auch die Umgebung reflektieren und damit die Wirkung von Licht und Schatten verschleiern, die sonst Raum und Form betont.

2

1 »Dust motes dancing in sunlight«, Vilhelm
   Hammershøi, 1900
2 Lichtreflexe, Deutscher Pavillon,
   Internationale Ausstellung Barcelona, 1928–29;
   Architekt: Ludwig Mies van der Rohe

93

Diese Wirkung hat der deutsche Architekt Mies van der Rohe bewusst eingesetzt. In seinem Ausstellungspavillon in Barcelona (1928–29) bilden eingefärbte Glaswände ein ausdrucksstarkes Element, das sowohl das Tageslicht filtert als auch die Umgebung reflektiert (Abb. 2). Im Pavillon geht es weniger um die Eigenschaft des Tageslichtes, Flächen durch Schlagschatten zu akzentuieren, als darum, die Tageslichtreflexe auszunutzen, um räumliche Vieldeutigkeit zu erzeugen. Durch das Tageslicht entsteht ein raffiniertes Zusammenspiel zwischen den farbigen Schatten der Glaswände, den Reflexionen auf der Glasoberfläche, auf den gefärbten Natursteinwänden, den verchromten Stahlstützen und dem großen Wasserbassin. Mit seiner Veränderlichkeit fügt das Tageslicht eine eigene Schicht zu der einfachen, aber räumlich komplexen Komposition hinzu. Während der Bewegung durch den Pavillon werden unablässig wechselnde Perspektiven offenbart und durch die Spiegelungen Raumeindrücke überlagert – Transparenz und Lichtreflexe schaffen unterschiedliche und wechselnde räumliche Zusammenhänge.

Kreuzendes Licht

Der Ausstellungspavillon in Barcelona bricht mit der klassischen Raumgestaltung, bei der der Besucher aus einem kompositorischen Zentrum heraus einen Gesamtüberblick erhalten kann. Nur durch aktive Bewegung im Raum erfasst der Besucher die Gesamtheit. Diese Kopplung von Raum und Bewegung wird bei vielen Architekten des 20. Jahrhunderts thematisiert, ganz besonders bei dem Schweizer Architekten und Maler Le Corbusier, der das Tageslicht gerne zur Inszenierung einer räumlichen Mehrdeutigkeit nutzt. Dabei dreht es sich jedoch selten um Tageslichtreflexe auf Glas, als vielmehr um ein Zusammenspiel zwischen konkurrierenden Tageslichtquellen, die zu Bewegung animieren und Räume mit vielen Facetten und Eindrücken bilden.

So auch in der eigenen Wohnung Le Corbusiers in der obersten Etage im Wohnblock Port Molitor in Paris (1931–34). Bei der Betrachtung des Foyers werden verschiedene Tageslichteinlässe augenfällig: Ein Ausschnitt in der Decke über einer Treppe und eine Glaswand in einem dahinter liegenden Raum markieren mögliche Abschlüsse von sich kreuzenden Bewegungsverläufen, während ein horizontales Fensterband im Foyer dessen Charakter einer Passage unterstreicht (Abb. 3). Die Treppe wird von

verschiedenen Seiten beleuchtet, die Raumgrenzen verwischen. Das Licht aus den unterschiedlichen Öffnungen überlagert sich beim Auftreffen auf die plastische Form der frei stehenden geschwungenen Treppe. Die Komposition weckt Assoziationen an kubistische Malerei, in der ein Motiv gleichzeitig aus verschiedenen Richtungen betrachtet werden kann.

Streiflicht

Die beiden Beispiele aus Barcelona und Paris stehen für eine Architektur, in der Tageslicht dazu eingesetzt wird, eine völlig neue Art der Raumgestaltung zu inszenieren. In den skandinavischen Ländern ist die Architektur selten so radikal, aber umso aufmerksamer ist der Umgang mit dem Tageslicht als solchem. Denn das nordische Licht ist weniger intensiv und daher ein kostbarer Baustoff. Nordische Architekten müssen mit diffusem, nicht sonderlich intensivem Licht arbeiten, das in der Regel von einem teilweise bewölkten Himmel kommt. Sie betrachten das Licht als etwas Besonderes und nutzen es entsprechend, es erscheint oftmals beinahe überirdisch oder metaphysisch.

Ein Beispiel dafür ist die Begräbniskapelle in Turku in Finnland (1939–41) des finnischen Architekten Erik Bryggman. Mitten am Tag trifft Streiflicht, das durch eine verborgene Öffnung in die Kapelle hereinkommt, die Rückwand einer Altarnische (Abb. 4). Es kommt von schräg oben und scheint einer anderen Welt zuzugehören. Dieser sakrale Charakter wird dadurch betont, dass die anderen Lichtquellen sichtbar sind. Sie strahlen entweder von unten durch das Seitenschiff oder durch kleine Öffnungen im dunklen Gewölbe des Hauptschiffes, das die helle Altarnische kontrastvoll einrahmt. Das Streiflicht ist als veränderliches »Objekt« inszeniert, ein Ersatz für die traditionelle Altartafel. Durch das Seitenschiff blickt man hinaus auf die Baumstämme des Waldes, der eindeutige Fokus auf den Altar wird damit durch eine asymmetrische Geste gebrochen. Der Gläubige befindet sich im Raum zwischen dem »irdischen und dem himmlischen« Licht.

3

4

3   Kreuzendes Licht, Wohnung Le Corbusiers, Paris,
    1931–34; Architekt: Le Corbusier
4   Streiflicht, Begräbniskapelle, Turku, Finnland,
    1939–41; Architekt: Erik Bryggman

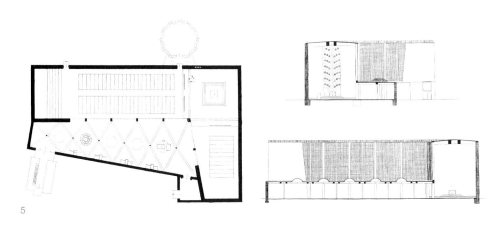

5

5 Grundriss, Schnitte, St. Anna, Düren,
    1951–56; Architekt: Rudolf Schwarz
6 Gebrochenes Licht, Hauptschiff, St. Anna, Düren
7 Lokalisierendes Licht, Bibliothek, Rovaniemi,
    Finnland,1961–68; Architekt: Alvar Aalto
8 Schlagschatten, Wohnbebauung Gallaratese,
    Mailand, 1969; Architekt: Aldo Rossi
9 Perspektive Fassade; Wohnbebauung
    Gallaratese, Mailand   6

Gebrochenes Licht

Auch für den deutschen Architekten
Rudolf Schwarz spielt Tageslicht eine
wichtige Rolle bei der Gestaltung von
Sakralräumen und der Inszenierung ihrer
Wahrnehmung. Für Schwarz werden die
Formprinzipien der Natur in der Architektur widergespiegelt. Für ihn ist Licht in
diesem Zusammenhang, der Wider-
schein eines sogenannten »Ursterns«
bzw. »Urlichts«, ein Medium für den Dialog zwischen dem Irdischen und dem
Himmlischen. Indem Bauteile und Gegen-
stände angestrahlt werden, strahlen sie
selbst, werden Teil des Urlichts. Diese
Zwiesprache kann man in vielen Kirchen
von Rudolf Schwarz nachvollziehen, und
vielleicht ganz besonders in einem seiner
Hauptwerke, Sankt Anna in Düren
(1951–56).

Betritt man von der Straße aus das niedrige und dunkle Seitenschiff, kann man
das dahinter liegende Hauptschiff, dessen hohe Steinmauer in mystisches Licht
getaucht ist, nur erahnen. Man möchte
die Lichtquelle erreichen und wird unwill-
kürlich weiter ins Hauptschiff gelockt, wo
eine transluzente Glaswand sichtbar wird,
die den Raum dominiert (Abb. 5, 6). Er
lässt sich nicht komplett überblicken, da
das Hauptschiff und die Glaswand beim
Altar, der hellsten Stelle der Kirche, um
die Ecke geführt sind. Auf diese Weise
entsteht eine Art Dialog zwischen der
großen leuchtenden Glasfläche und der
gegenüberliegenden Steinwand, die das
matte weiße Licht mit einem roten Glühen
zurückwirft. Dieser Umgang mit Licht, die
Steuerung der Bewegung durch Licht,
sowie die Ausführung der großen Glaswand als profane Industriefassade waren
zu ihrer Zeit für den Kirchenbau richtung-
weisend. Die Nüchternheit steht in Kontrast zu dem sakral wirkenden, gebroche-
nen Licht der roten Steinmauer.

Lokalisierendes Licht

In den vorangegangenen Beispielen ist
beschrieben, wie Tageslicht räumliche
Mehrdeutigkeit erzeugt oder sakrale
Bedeutungen hervorhebt. Tageslicht
kann aber auch dazu eingesetzt werden,
in Räumen bestimmte Orte zu definieren
oder Raum um bestimmte Bereiche zu
bilden. Es geht dabei weniger um den
Lichteffekt selbst, als vielmehr um den
Raum, der durch die Lichtführung gestaltet wird.
So sind in den Bibliotheken des finnischen Architekten Alvar Aalto die Tageslichtöffnungen oft so ausgeformt und
angeordnet, dass die Aufmerksamkeit

7

8

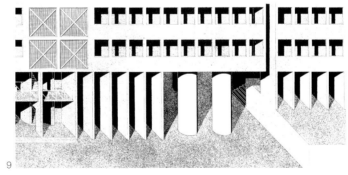

9

des Besuchers beinahe automatisch auf die Bücher gelenkt wird. In seiner Bibliothek in Rovaniemi in Finnland (1961–68) ist ein solcher, die räumliche Situation bestimmender Tageslichteinsatz zugleich mit einer Formensprache verknüpft, die von Motiven und Stimmungen der umgebenden Landschaft inspiriert scheint (Abb. 7). Das durch große Öffnungen im Dach einfallende Tageslicht beleuchtet die Bücherregale der Hauptetage gleichmäßig. Dieser Bereich läuft um zahlreiche abgesenkte Leseinseln herum, die weniger beleuchtet sind, aber durch das Tageslicht räumlich mit der Hauptetage verbunden bleiben. Ein Oberlicht in der Mitte des Raumes markiert eine Ausleihschranke und definiert diese besondere Situation.

Das Tageslicht hebt in dieser Bibliothek eine Reihe von Orten innerhalb einer architektonischen Landschaft hervor, die durch das Wechselspiel zwischen hellen und dunklen Bereichen gegliedert ist. Bei Aalto wird das Licht zum Raum bildenden Baustoff.

Schlagschatten
Wenn Architekten im 20. Jahrhundert versuchen, eine metaphysische Erfahrung zu vermitteln, geschieht das oft mit Hilfe von Licht und Schatten. Das zeigt sich deutlich bei dem amerikanischen Architekten Louis Kahn, der eine enge Verbindung zwischen dem Metaphysischen, dem Licht, dem Schatten und der Stille sieht; oder

auch bei dem Italiener Aldo Rossi, dessen Architektur als »sprachlos« beschrieben worden ist, aber vielleicht gerade deshalb Raum für Licht und Schatten gibt.

Bei Aldo Rossi erhält der Schlagschatten einen ähnlichen Zeichencharakter wie auf den Gemälden des italienischen Künstlers Giorgio de Chirico, auf denen bisweilen ein mystischer Schatten das Bild durchschneidet. Rossis Wohnbebauung Gallaratese außerhalb Mailands (1969) ist durch eine hohe Säulenhalle mit strengen Reihen von Betonscheiben gegliedert, die im Laufe des Tages ein veränderliches Muster der Schlagschatten über Boden und Wände zeichnen. Ein tiefer Einschnitt, der quer durch das Gebäude führt, und ein Niveauversprung im Gebäude selbst machen die Säulenhalle innen nur bruchstückhaft erlebbar (Abb. 8, 9). Dieser Eindruck wird durch die schräg verlaufenden Schatten noch verstärkt. Der Schatten erhält hier eine besondere Bedeutung: Er betont die fragmentierte Wahrnehmung und lässt die architektonischen Formen (die überdimensionierte und leere Säulenhalle) in den Hintergrund treten. Der Schlagschatten fällt auf, er bewegt sich so langsam, dass die Zeit für einen intensiven Augenblick festgehalten scheint.

Weiches Licht
Aldo Rossi setzt Licht und Schlagschatten in einer Art und Weise ein, die typisch

10

ist für eine Architektur, die an das harte, gleißende Licht der südlichen Breitengrade angepasst ist. Wie der norwegische Architekt Sverre Fehn konstatiert, zeigt sich im Süden der Schlagschatten schon in einer kleinen Ritze im Stein, während die gleiche Ritze im nordischen Licht nicht wahrgenommen wird. An Stelle von Schlagschatten befassen sich die nordischen Architekten mit dem Einsatz von weichem reflektierenden Tageslicht und mit dessen Fähigkeit, Raum und Form zu erzeugen. In diesem Zusammenhang werden die stofflichen Eigenschaften des Materials, seine Farbnuancen, zu einem wichtigen Thema.

In der Bagsværd Kirche (1976) außerhalb Kopenhagens wird genau diese Art Tageslicht vom dänischen Architekten Jørn Utzon genutzt, um – inspiriert vom Gedanken an einen Gottesdienst unter ziehenden Wolken an der Küste – einen fast ätherischen Kirchenraum zu schaffen. Aus einer versteckten Öffnung ganz oben im Raum schimmert das Licht langsam durch die »Wolkendecke«, die aus einer Reihe gewölbter Betonschalen besteht (Abb. 10). Die weichen Kurven der Schalen und die stoffliche Wirkung, die durch die schalungsraue Oberfläche entsteht, geben das Licht ohne scharfe Kontraste und in vielen feinen grauen Nuancen wieder – die Decke scheint zu schweben. Dieser Eindruck wird durch den Kontrast präziser Ausschnitte in den Seitenwänden verstärkt, die die dahinter liegenden Seitenschiffe und deren Betonrahmenkonstruktionen freilegen. Diese Bereiche, durch eigene Oberlichter beleuchtet, sind wie der Rest des Interieurs in hellen Farbtönen gehalten. Ein ganzes Universum an Licht, die Dunkelheit scheint nicht vorhanden.

Tageslicht als Baustoff heute
Die vorangegangenen Beispiele zeigen, wie Tageslicht in der Architektur des 20. Jahrhunderts eingesetzt wurde. Noch heute, in einer Zeit, in der es möglich geworden ist, gestalterische und tageslichtähnliche Effekte mit künstlicher Be-leuchtung zu erzielen, in der immer neue Typen und Variationen von Bildmedien die Aufmerksamkeit auf sich ziehen, ist Tageslicht ein wichtiger Baustoff. Aber vielleicht ist gerade als Konsequenz dieser Konkurrenzsituation der gegenwärtige Umgang mit Tageslicht demonstrativer und auch manierierter geworden.

Der in Polen geborene Architekt Daniel Libeskind setzt im Jüdischen Museum in

11

10 Weiches Licht, Bagsværd Kirche, Kopenhagen, 1976; Architekt: Jørn Utzon
11 Inszeniertes Licht, Einkaufspassage Fünf Höfe, München, 2001; Architekten: Herzog & de Meuron

Berlin (2001) beispielsweise Tageslicht als Gegenpol zu »den Kräften der Dunkelheit« in Szene. An der düstersten Stelle im Museum, dem Holocaustturm, bildet eine hoch liegende unzugängliche Spalte die einzige Lichtquelle in dem ansonsten kalten und dunklen Raum, während eine so genannte Kontinuitätsachse als Zeichen einer hoffnungsvollen Fortführung der jüdischen Geschichte in einem hohen und hellen Treppenraum endet (Abb. 13).

Beim Schweizer Peter Zumthor wird Tageslicht als ein Element behandelt, das die Aufmerksamkeit auf ganz andere Weise auf sich zieht. In seinem Kunsthaus in Bregenz (1997) sind die Ausstellungsräume seitlich völlig geschlossen und mit einer transluzenten abgehängten Glasdecke überdeckt. Über sie dringt das Tageslicht, das zwischen den einzelnen Geschossen seitlich durch die Fassade einfällt, als diffuse Belichtung in die jeweils ein Geschoss umfassenden Ausstellungsräume (Abb. 12). Die Räume sind so einfach gehalten, dass das unnatürlich gleichmäßig schimmernde Tageslicht als Phänomen wahrgenommen wird. Dieser Eindruck wird dadurch verstärkt, dass eine künstliche Beleuchtung über der Glasdecke unmerklich unzureichendes Tageslicht kompensiert, die Helligkeit bleibt in den Räumen immer konstant.

Fassaden mit mehreren Schichten, die das Tageslicht auf effektvolle Art und Weise filtern, ziehen sich wie ein roter Faden durch die gegenwärtige Architektur. In der Münchner Einkaufspassage Fünf Höfe (2001) der Schweizer Architekten Herzog & de Meuron hängt eine Art Kettenhemd aus braun eloxiertem Aluminium wie ein Vorhang vor Teilen der im Straßenraum sichtbaren Fassade (Abb. 11). Das einfallende Tageslicht wirft ein lebendiges Muster in die dahinter liegenden Räume – ein raffinierter Effekt, der Tageslicht als Baustoff nutzt.

Im Prinzip bringt der Einsatz von Tageslicht in den drei genannten Projekten kein wesentlich neues räumliches Konzept hervor. Bei Libeskind wird Tageslicht auf eine traditionell allegorische Art eingesetzt, die eine besondere Geschichte betont. Bei Zumthor und Herzog & de Meuron dagegen ist die Aufmerksamkeit auf die Wirkung des Tageslichteinlasses gerichtet. Das Licht wird durch verschiedene Schichten gefiltert und tritt in transformierter Form auf. Bei den beiden letztgenannten Beispielen ist außerdem die nächtliche Inszenierung der Fassade durch Kunstlicht wesentlich, ein Element, das bei zahlreichen gegenwärtigen Architekturprojekten zu finden ist.

Die Entwicklung scheint heute eher auf eine erhöhte Fokussierung des Zusammenspiels zwischen Kunst- und Tageslicht und der Inszenierung der Tageslicht- und auch Kunstlichteffekte hinauszulaufen, als auf die Möglichkeit des Tageslichts, Raum zu bilden.

12

12 Inszeniertes Licht, Kunsthaus, Bregenz,
    1997; Architekt: Peter Zumthor
13 Inszeniertes Licht, Holocaustturm, Berlin,
    2001; Architekt: Daniel Libeskind

13

Anhang

Normen und Richtlinien (Auswahl)

Tageslicht und Kunstlicht

DIN 276: Kosten im Bauwesen

DIN 5030: Spektrale Strahlungsmessung

DIN 5031: Strahlungsphysik im optischen Bereich und Lichttechnik

DIN 5032: Lichtmessung

DIN 5033: Farbmessung

DIN 5034: Tageslicht in Innenräumen

DIN 5035: Beleuchtung mit künstlichem Licht; ersetzt durch DIN EN 12464

DIN 5036: Strahlungsphysikalische und lichttechnische Eigenschaften von Materialien, Teil 1, 3 und 4

DIN 5037: Lichttechnische Bewertung von Scheinwerfern, Beiblatt 1 und 2

DIN 5039: Licht, Lampen, Leuchten; Begriffe, Einteilung

DIN 5040 Leuchten für Beleuchtungszwecke, Teil 1–4

DIN 5042: Verbrennungslampen und Gasleuchten, Teil 1–8

DIN EN 12665, Ausgabe: 2002-09 Licht und Beleuchtung – Grundlegende Begriffe und Kriterien für die Festlegung von Anforderungen an die Beleuchtung; Deutsche Fassung EN 12665: 2002

DIN EN 12193 Ausgabe: 1999-11 Licht und Beleuchtung – Sportstätten

DIN EN 12464: Licht und Beleuchtung – Beleuchtung von Arbeitsstätten; Ersatz für DIN 5035-2, DIN 5035-8, DIN 5035-3, DIN 5035-4 und teilweise für DIN 5035-1, DIN 5035-7

DIN EN 13032-2 Ausgabe: 2005-03 Licht und Beleuchtung – Messung und Darstellung photometrischer Daten von Lampen und Leuchten

Tageslicht

DIN 5034-1 Ausgabe: 1999-10 Tageslicht in Innenräumen – Teil 1: Allgemeine Anforderungen

DIN 5034-2 Ausgabe: 1985-02 Tageslicht in Innenräumen – Teil 2: Grundlagen

DIN 5034-3 Ausgabe: 1994-09 Tageslicht in Innenräumen – Teil 3: Berechnung

DIN 5034-4 Ausgabe: 1994-09 Tageslicht in Innenräumen – Teil 4: Vereinfachte Bestimmung von Mindestfenstergrößen für Wohnräume

DIN 5034-5 Ausgabe: 1993-01 Tageslicht in Innenräumen – Teil 5: Messung

DIN 5034-6 Ausgabe: 1995-06 Tageslicht in Innenräumen – Teil 6: Vereinfachte Bestimmung zweckmäßiger Abmessungen von Oberlichtöffnungen in Dachflächen

Kunstlicht

DIN VDE 0710-1 Ausgabe: 1969-03 Vorschriften für Leuchten mit Betriebsspannungen unter 1000 V, allgemeine Vorschriften; Klassifikation VDE 0710-1

DIN VDE 0711-201 Ausgabe: 1991-09 Leuchten – Teil 2: Besondere Anforderungen; Hauptabschnitt Eins; Ortsfeste Leuchten für allgemeine Zwecke; Deutsche Fassung DIN EN 60598-2-1: 1989

DIN EN 410 Ausgabe: 1998-12 Glas im Bauwesen – Bestimmung der lichttechnischen und strahlungsphysikalischen Kenngrößen von Verglasungen; Deutsche Fassung EN 410: 1998

DIN 5035-1 Begriffe und allgemeine Anforderungen; teilweise ersetzt durch DEN EN 12464

DIN 5035-2 Ausgabe: 1990-09 Beleuchtung mit künstlichem Licht; Richtwerte für Arbeitsstätten in Innenräumen und im Freien; ersetzt durch DIN EN 12464

DIN 5035-3 Ausgabe: 1988-09 Innenraumbeleuchtung mit künstlichem Licht; Beleuchtung in Krankenhäusern; ersetzt durch DIN EN 12464

DIN 5035-4 Ausgaben: 1983-02 Innenraumbeleuchtung mit künstlichem Licht; Spezielle Empfehlungen für die Beleuchtung von Unterrichtsstätten; ersetzt durch DIN EN 12464

DIN 5035-5 Notbelechtung; ersetzt durch DIN EN 1838

DIN 5035-6 Ausgabe: 1990-12 Beleuchtung mit künstlichem Licht; Messung und Bewertung

DIN 5035-7 Ausgabe: 2004-08 Beleuchtung mit künstlichem Licht – Teil 7: Beleuchtung von Räumen mit Bildschirmarbeitsplätzen; ersetzt durch DIN EN 12464

DIN 5035-8 Ausgabe: 1994-05 Beleuchtung mit künstlichem Licht; Spezielle Anforderungen zur Einzelplatzbeleuchtung in Büroräumen und büroähnlichen Räumen; ersetzt durch DIN EN 12464

DIN 6169-1 Ausgabe: 1976-01 Farbwiedergabe; Allgemeine Begriffe

DIN 6169-2 Ausgabe: 1976-02 Farbwiedergabe; Farbwiedergabeeigenschaften von Lichtquellen in der Beleuchtungstechnik

DIN EN 12464-1 Ausgabe: 2003-03 Licht und Beleuchtung – Beleuchtung von Arbeitsstätten – Teil 1: Arbeitsstätten in Innenräumen; Deutsche Fassung DIN EN 12464-1: 2002

DIN EN 12464-2 Ausgabe: 2003-04 Licht und Beleuchtung – Beleuchtung von Arbeitsstätten – Teil 2: Arbeitsplätze im Freien; Deutsche Fassung EN 12464-2: 2003

DIN EN 12665 Ausgabe: 2002-09 Licht und Beleuchtung – Grundlegende Begriffe und Kriterien für die Festlegung von Anforderungen an die Beleuchtung; Deutsche Fassung EN 12665: 2002

DIN EN 12193 Ausgabe: 1999-11 Licht und Beleuchtung – Sportstättenbeleuchtung; Deutsche Fassung DIN EN 12193: 1999

DIN EN 13032-2 Ausgabe: 2005-03 Licht und Beleuchtung – Messung und Darstellung photometrischer Daten von Lampen und Leuchten – Teil 2: Darstellung der Daten für Arbeitsstätten in Innenräumen und im Freien; Deutsche Fassung DIN EN 13032-2: 2004

DIN EN 1838: Notbeleuchtung

DIN EN 60598-2-24 Ausgabe: 1999-07 Leuchten; Besondere Anforderungen – Leuchten mit begrenzter Oberflächentemperatur; Klassifikation VDE 0711-2-24

weitere Informationen

DINEN und Normen
Verlag Beuth
www.beuth.de

Verein Deutscher Ingenieure
VDI Richtlinien
www.vdi.de

VDE-Vorschriftenwerk
Normenrecherche
VDE Verlag
www.vde-verlag.de

Literatur (Auswahl)

Tageslichtplanung

Baker, N.; Fanchiotti, A., Steemers, K.:
Daylighting in Architecture.
A European Reference Book,
London 1993

Binet, Hélène; Brandi, Ulrike;
Bunschoten, Raoul; Flagge, Ingeborg;
Geissmar-Brandi, Christoph; Schmal,
Peter Cachola:
Das Geheimnis des Schattens.
Licht und Schatten in der Architektur,
Tübingen 2002

Boyce, Peter R.: Human Factors in
Lighting, London 1981

Buonocore, Pablo; Critchley, Michael A.:
Tageslicht in der Achitektur,
Sulgen 2001

Çakir, Ahmet; Çakir, Gisela; Kischkoweit-
Lopin, Martin; Schultz, Volkher:
Tageslicht nutzen.
Bedeutung von Dachlichtöffnungen
für Ergonomie, Architektur und
Technik, Bochum 2001

Epsten, Dagmar Becker: Tageslicht &
Architektur. Möglichkeiten zur Energie-
einsparung und Bereicherung der
Lebensumwelt, Karlsruhe 1986

Evans, Benjamin H.: Daylight in
Architecture, New York 1981

Flagge, Ingeborg: Architektur – Licht –
Architektur, Stuttgart/Zürich 1991

Griefahn, Barbara: Perspektiven zur
Gestaltung von Nachtarbeit durch Licht
und Melatonin, Dortmund 2003.

Köster, Helmut:
Tageslichtdynamische Architektur.
Grundlagen, Systeme, Projekte,
Basel 2004

Kristensen, Peter Thule: Det sentimentalt
moderne – Romantiske ledemotiver i det
20. århundredes bygningskunst, Ph.d.,
(Das sentimentale Moderne – Romanti-
sche Leitmotive für das 20. Jahrhundert
der Baukunst), Königliche Dänische
Kunstakademie, Kopenhagen 2004

Lechner, Norbert: Heating, Cooling,
Lighting. Design Methods for
Architects, New York 2000

Madsen, Merete: Lysrum – som begreb
og redskab (Lichtraum – als Begriff
und Werkzeug), Forschungsarbeit,
Königliche Dänische Kunstakademie,
Kopenhagen 2002

Maffei, Lamberto; Fiorentini, Adriana:
Das Bild im Kopf. Von der optischen
Wahrnehmung zum Kunstwerk,
Basel 1997

Müller, Helmut F. O.; Nolte, Christoph;
Pasquay, Till: Klimagerechte Fassaden-
technologie. Doppelfassaden für die
Sanierung bestehender Gebäude,
Düsseldorf 2001

Muneer, T.; Gueymard, C.:
Solar Radiation and Daylight Models,
New York 2004

Niederländische Stiftung für
Beleuchtungswissenschaft, Licht
und Gesundheit für arbeitende
Menschen, Veenendaal 2003

Phillips, Derek: Daylighting. Natural Light
in Architecture, Burlington 2004

Schwarz, Rudolf. Vom Bau der Kirche,
Salzburg 1998

Stanjek, Klaus: Zwielicht.
Die Ökologie der künstlichen Helligkeit,
München 1989

VBG Verwaltungs-Berufsgenossenschaft
(Hrsg.): Sonnenschutz im Büro,
Glückstadt 2002

Verein Deutscher Ingenieure (Hrsg.):
Optimierung von Tageslichtnutzung
und künstlicher Beleuchtung,
Berlin 2002

Zeitschriften

Architectural Design, Light in
Architecture, 67, 1997

a + u. Architecture and Urbanism,
1998/02

a + u. Architecture and Urbanism,
Light in Japanese Architecture
1995/06

Baumeister. Zeitschrift für Architektur,
Kalter Stahl, 2005/01

Detail, Bauen mit Licht, 2004/04

Der Architekt, Light and Order,
09, 1990

Daidalos, Lichtarchitektur, 27, 1988

LPI Leuchten Pro-in, Light for Vitality,
2004/03

Skala, Petri, Mathilde: Sverre Fehn,
23, 1990

Zumtobel Staff, Licht für Health & Care,
Dornbirn 2003.

Kunstlichtplanung

Baer, Roland; Eckert, Martin; Gall, Dietrich: Beleuchtungstechnik. Grundlagen, Berlin 2005

Brandi, Ulrike; Geissmar-Brandi, Christoph: Lichtbuch. Die Praxis der Lichtplanung, Basel 2001

Bundesanstalt für Arbeitsschutz: Einflüsse der Beleuchtung mit Leuchtstofflampen am Arbeitsplatz, Bremerhaven 1991

Ganslandt, Rüdiger; Hofmann, Harald: Handbuch der Lichtplanung, Wiesbaden/Braunschweig 1992

Gfeller Corthésy, Roland: Bauen mit Tageslicht. Bauen mit Kunstlicht, Braunschweig/Wiesbaden 1998

LiTG Deutsche Lichttechnische Gesellschaft e.V. (Hrsg.): Handbuch für Beleuchtung, Landsberg 1991

Schröder, Gottfried: Technische Optik. Grundlagen und Anwendung, Würzburg 1990

Schweizerische Lichttechnische Gesellschaft (Hrsg.): Handbuch für Beleuchtung, Landsberg 1992

Smith, Fran Kellogg; Bertolone, Fred J.: Bringing Interiors to Light. The Principles and Practices of Lighting Design, New York 1986

Steffy, Gary R.: Architectural Lighting Design, New York 1990

Trilux (Hrsg.): Beleuchtungsplanung. Lichttechnik, Elektrotechnik, Arnsberg 1997

Weis, Bruno: Grundlagen der Beleuchtungstechnik, München 2001

Weis, Bruno: Notbeleuchtung, München 1985

Zimmermann, Ralf: Wörterbuch Lichttechnik, Berlin 1990

Gebäudemanagement

Gröger, Achim: Gebäudeautomation, Renningen 2002

DALI AG, Fachverband Elektroleuchten im ZVEI: Handbuch: Digital Addressable Lighting Interface (DALI), Frankfurt am Main 2002

Weiterführende Webadressen

BauNetz-Infoline: Licht
www.baunetz.de / infoline/licht/

Fördergemeinschaft gutes Licht
www.fgl.de

Tageslichtnutzung in Gebäuden
www.bine.info.de

Verweise auf weiterfürende Links
www.daylight.org

Lichtberechnungsprogramme (Auswahl)

Lightscape
www.autodesk.com
DIALux
www.dial.de
Radiance
www.radiance.com
Relux
www.relux.biz

Institutionen und Verbände

European Lighting Designers Association ELDA
www.eldaplus.org

Fraunhofer-Institut für Solare Energiesysteme (ISE), Freiburg
www.ise.fhg.de

International Association of Lighting Designers IALD
www.iald.org

Institut für Fenstertechnik e.V. Rosenheim
www.ift-rosenheim.de

Institut Wohnen und Umwelt GmbH
www.iwu.de

VDI–Verein Deutscher Ingenieure e.V.
www.vdi.de

Zentralverband der Elektrotechnik- und Elektronikindustrie (ZVEI) e.V.
www.zvei.de

Verband Deutscher Elektrotechniker
www.vde.de

Illuminating Engineering Society of North America (IESNA)
www.iesna.org

Herstellerverzeichnis Tageslichtsysteme (Auswahl)

Die in Klammern angegebenen Produkte stellen in der Regel nur einen Teil eines umfangreichen Firmenangebots dar.

Sonnenschutzgläser

Glaswerke Arnold GmbH + Co. KG
Alfred-Klingele-Straße 15
73630 Remshalden-Geradstetten
Tel.: +49 7151 70960
Fax: +49 7151 709690
service@glaswerke-arnold.de
www.glaswerke-arnold.de
(Wärmedämm-, Sonnenschutz-,
Schallschutz-, Brandschutzglas)

BGT
Bischoff Glastechnik GmbH & Co. KG
Alexanderstraße 2
75015 Bretten
Tel.: +49 7252 5030
Fax: +49 7252 503283
www.bgt-bretten.de
(Lichtdeckenglas, farbbeschichtetes
Glas etc.)

COLT
Internationale Solar Technology AG
Ruessenstraße 5
CH–6340 Baar
Tel.: +41 41 7685454
Fax: +41 41 7685455
www.coltinfo.ch
(Tageslichttechnik, Sonnenschutz)

Flachglas MarkenKreis GmbH
Auf der Reihe 2
45884 Gelsenkirchen
Tel.: +49 209 913290
Fax: +49 209 9132929
www.markenkreis.de
(Wärmedämm-, Sonnenschutz-,
Schallschutz- und Sicherheitsglas)

OKALUX GmbH
Am Jöspershecklein 1
97828 Marktheidenfeld
Tel.: +49 9391 9000
Fax: +49 9391 900100
info@okalux.de
www.okalux.de
(lichtstreuendes Isolierglas)

Sonnen- und Blendschutz-Folie

AGERO AG
Hauptstraße 6
CH–8255 Schlattingen
Tel.: +41 52 6572611
Fax: +41 52 6573711
www.agero.ch
(Blendschutz)

Bomin Solar GmbH
Industriestraße 8–10
79541 Loerrach
Tel.: +49 7621 95960
Fax: +49 7621 54368
info@bomin-solar.de
www.bomin-solar.de

HAVERKAMP GmbH
Zum Kaiserbusch 26–28
48165 Münster
Tel.: +49 251 62 620
Fax: +49 251 62 6262
www.haverkamp.de
(Sonnenschutzfolien)

Multifilm
Sonnen- und Blendschutz GmbH
Hohensteiner Straße 30 + 32
09212 Limach-Oberfrohna
Tel.: +49 3722 77050
Fax: +49 3722 770577
www.multifilm.de
(Sonnen- und Blendschutz-Folie)

Saint Gobain Glass Deutschland GmbH
(ehem. Vegla)
Viktoriaallee 3–5
52066 Aachen
Tel.: +49 241 5162221
Fax: +49 241 5162224
glassinfo.de@saint-gobain-glass.com
www.saint-gobain-glass.com

Saint Gobain Oberland
Division Bauglas
Solaris Glasbausteine
Siemensstraße 1
56422 Wirges
Tel.: +49 2602 6810
Fax: +49 2602 681416
info.solaris-glasstein@saint-gobain.com
www.solaris-glasstein.de

Schüco International KG
Karolinenstraße 1–15
33609 Bielefeld
Tel.: +49 521 7830
Fax: +49 521 783451
info@schueco.com
www.schueco.de

Lamellen und Jalousien

GenioLux
Intelligente Lichtlenksysteme GmbH
Birostraße 6
A–1239 Wien
Tel.: +43 664 3409532
Fax: +43 2236 506683
Daylight@geniolux.com
www.geniolux.com
(Isolierglas mit integrierten
lichtlenkenden Spiegellamellen)

Glas Schuler GmbH & Co. KG
Ziegelstraße 23–25
91126 Rednitzhembach
Tel.: +49 9122 97560
Fax: +49 9122 975640
www.isolette.com
(Isolierglas mit integrierter Jalousie)

Güth
Hamburger Landstraße 101
24113 Molfsee
Tel.: +49 431 650600
        bzw. 651942
Fax: +49 431 658225
www.gueth-molfsee.de
(Rolladen und Jalousien)

Hüppelux Sonnenschutzsysteme
GmbH & Co. KG
Cloppenburger Straße 200
26133 Oldenburg
Tel.: +49 441 4020
Fax: +49 441 402454
info@hueppelux.de
www.hueppelux.de
(Tageslichtumlenkung)

Köster Lichtplanung
Integraldesign für Tageslicht
und Kunstlicht
Karl-Bieber-Höhe 15
60437 Frankfurt am Main
Tel.: +49 69 5074640
Fax: +49 69 5074650
info@koester-lichtplanung.de
www.koester-lichtplanung.de

Rosenheimer Glastechnik GmbH
Neue Straße 9
83071 Stephanskirchen
Tel.: +49 8031 9414830
Fax: +49 8031 9414848
www.rosenheimer-glastechnik.de
(Sonnenschutz, Sichtschutz,
Wärmeschutz)

SKS Stakusit Bautechnik GmbH
Eisenbahnstraße 2 B
47198 Duisburg-Homberg
Tel.: +49 2066 20040
Fax: +49 2066 2004164
www.sks-stakusit.de
(Rolläden, Sonnenschutz,
Lüftungssysteme etc.)

Siteco Beleuchtungstechnik GmbH
Georg-Simon-Ohm-Straße 50
83301 Traunreut
Tel.: +49 8669 330
Fax: +49 8669 33397
info@siteco.de
www.siteco.de

WAREMA Renkhoff GmbH
Vorderbergstraße 30
97828 Marktheidenfeld
Tel.: +49 9391 200
Fax: +49 9391 204299
www.warema.de
(Rolläden mit Tageslichtumlenkung)

Lichtlenkglas

INGLAS GmbH & Co. KG
Innovative Glassysteme
Im Winkel 4/1
88048 Friedrichshafen
Tel.: +49 7544 95470
Fax: +49 7544 954725
www.inglas.de
(Sonnenschutz, Blendschutz und
Lichtlenkung in Glas)

Hüppelux Sonnenschutzsysteme
GmbH & Co. KG
Cloppenburger Straße 200
26133 Oldenburg
Tel.: +49 441 4020
Fax: +49 441 40454
E-Mail: info@hueppelux.de
www.hueppelux.de
(Tageslichtumlenkung)

Prismenplatten in Doppelglasscheiben

Bomin Solar GmbH
Industriestraße 8–10
79541 Loerrach
Tel.: +49 7621 95960
Fax: +49 7621 54368
info@bomin-solar.de
www.bomin-solar.de

Siteco Beleuchtungstechnik GmbH
Georg-Simon-Ohm-Straße 50
83301 Traunreut
Tel.: +49 8669 330
Fax: +49 8669 33397
info@siteco.de
www.siteco.de

Heliostaten

BatiBUS (Frankreich, Schweiz)
BatiBUS 11 rue Hamelin
F–75783 PARIS Cedex 16
Tel.: +33 476 394248
Fax: +33 476 394182
www.batibus.com

Interferenz Lichtsysteme GmbH
Lenenweg 27
47918 Tönisvorst
www.interferenz.de
(Lichtsysteme, Leuchtenplanung,
Spiegelumlenksysteme, Sonnenlicht-
umlenkung mit Heliostaten)

Steuerungssysteme

Bomin Solar GmbH
Industriestraße 8–10
79541 Lörrach
Tel.: +49 7621 95960
Fax: +49 7621 54368
info@bomin-dolar.de
www. bomin-dolar.de

Crestron Germany GmbH
Ringstraße 1
89081 Ulm-Lehr
Tel.: +49 731 9628112
www.creston.de
(IT- und Mediensteuerungssysteme)

EIB-steuerungssytem
www.eib-home.de
Die Informationseite für Elektriker, Planer,
Architekten und Bauherren für
Gebäudesystemtechnik mit KNX/EIB

ISYnet/ISYglt
Seebacher GmbH
Gebäudeautomation
Marktstraße 57
83646 Bad Tölz
Tel.: +49 8041 77776
Fax: +49 8041 77772
info@seebacher.de
www.seebacher.de

LCN-BUS (Lokal Control Network)
ISSENDORFF Mikroelektronik GmbH
Wellweg 93
31157 SARSTEDT
Tel.: +49 5066 9980
Fax: +49 5066 998899
www.lcn.de

LON-Steuerungssystem
LON Nutzer Organisation
LNO c/o TEMA AG
Theaterstraße 74
52062 Aachen
Tel.: +49 241 8897036
Fax: +49 241 8897042
www.lno.de

Lutron Innovative Lichtsteuersysteme
Lutron Electronics GmbH
Landsbergerallee 201
13055 Berlin
Tel.: +49 30 97104590
Fax: +49 30 97104591
Lutrongermany@lutron.com
www.lutron.com

LUXMATE Controls GmbH
Schmelzhütterstraße 26
A–6850 Dornbirn
Tel.: +43 5572 5990
Fax: +43 5572 599699
luxmate@luxmate.co.at
www.luxmate.com

Somfy GmbH
Felix-Wankel-Straße 50
72108 Rotenburg am Neckar
Tel.: +49 7472 9300
Fax: +49 7472 9309
www.somfy.de

**Herstellerverzeichnis Kunstlicht
(Auswahl)**

Die in Klammern angegebenen Produkte
stellen in der Regel nur einen Teil eines
umfangreicheren Firmenangebots dar.

Ansorg GmbH
Solinger Straße 19
45481 Mülheim an der Ruhr
Tel.: +49 208 48460
Fax: +49 208 48461200
www.ansorg.de

Artemide GmbH
Hans-Böckler-Straße 2
58730 Fröndenberg
Tel.: +49 2373 9750
Fax: +49 2373 975209
pr@artemide.de
www.artemide.com

BEGA
58689 Menden
Postfach 31 60
Tel.: +49 2373 9660
Fax: +49 2373 966216
www.bega.de

Der Kluth
Herder Straße 83–85
40721 Hilden
Tel.: +49 2103 24830
Fax: +49 2103 248333
e-mail: info@derkluth.de
www.derkluth.de

Durlum
Decke Licht Raum
An der Wiese 5
79650 Schopfheim
Tel.: +49 7622 39050
Fax: +49 7622 390542
info@durlum.de
www.durlum.de

ERCO Leuchten GmbH
Postfach 24 60
Brockhauser Weg 80–82
58505 Lüdenscheid
Tel.: +49 2351 5510
Fax: +49 2351 551300
www.erco.com

Flos SpA
Via Angelo Faini, 2
I–25073 Bovezzo Brescia
Tel.: +39 030 24381
Fax: +39 030 2438250
expo@online.it

Fontana Arte spa
Via Alzaia Trieste 49
I–20094 Corsico
(Milano)
Tel.: +39 0245 121
Fax: +39 0245 12660
info@fontanaarte.it
www.fontanaarte.it

Grau
TOBIAS GRAU GmbH
Siemensstraße 35 b
25462 Rellingen
Tel.: +49 4101 3700
Fax: +49 4101 3701000
www.tobias-grau.com

Hago Leuchten GmbH
Neckarstraße 4
45478 Mülheim an der Ruhr
Tel.: +49 208 5802530
Fax: +49 208 5802535
www.hago-leuchten.de

GUSTAV HAHN GmbH
Warmensteinacher Straße 56
12349 Berlin
Tel.: +49 30 76289040
Fax: +49 30 76289050
info@hahnlichtberlin.de
www.hahnlichtberlin.de

HELLUX LEUCHTEN GMBH
Lichttechnische Spezialfabrik
Mergenthalerstraße 6
30880 Laatzen
Tel.: +49 511 820100
Fax: +49 511 8201038
info@hellux.de
www.hellux.de

Hess Form + Licht
Schlachthausstraße 19–19/3
78050 Villingen-Schwenningen
Tel.: +49 7721 9200
Fax: +49 7721 920250
www.hess-form-licht.de

Hoffmeister Leuchten GmbH
Am Neuen Haus 4–10
58507 Lüdenscheid
Tel.: +49 2351 159318
Fax: +49 2351 159328
mail@hoffmeister.de
www.hoffmeister.de

idl
Leuchten und Lichttechnik GmbH
Annaberger Straße 73
09111 Chemnitz
Tel.: +49 3722 63100
Fax: +49 3722 87112
www.idl-leuchten.devertrieb@idl-
leuchten.de

iGuzzini Illuminazione
Deutschland GmbH
Bunsenstraße 5
82152 Planegg
Tel.: +49 89 8569880
Fax: +49 89 85698833
www.iguzzini.de

Kreon nv
Frankrijklei 112
BE–2000 Antwerp
Tel.: +32 3231 2422
Fax: +32 3231 8896
www.kreon.com

LBM GmbH
Lichtleit-Fasertechnik
Gutenbergstraße 5
92334 Berching
Tel.: +49 8462 94190
Fax: +49 8462 941919
LBM@LBM-Fasertechnik.com
www.LBM-Fasertechnik.com

LEC LYON
6, rue de la Part-Dieu
F–69003 LYON
Tel.: +33 437 480409
Fax: +33 437 480411
www.lec.fr

Leipziger Leuchten GmbH
Heiterblickstraße 42
04347 Leipzig
Tel.: +49 341 245613
Fax: +49 341 2333151
www.leipziger-leuchten.com

Louis Poulsen & Co. GmbH
Westring 13
40721 Hilden
Tel.: +49 2103 9400
Fax: +49 2103 940290
    +49 2103 940291
www.louis-poulsen.de

Martin Architectural
Olof Palmes Allé 18
DK–8200 Århus N
Tel.: +45 87 400000
Fax: +45 87 400010
martinarchitectural@martin.dk
www.martin-architectural.com

MARTINI S.p.A.,
Industria per l'illuminazione
Via Provinciale, 24
I–41033 Concordia S/Secchia (MO)
Tel.: +39 535 48111
Fax: +39 535 48220
www.martini.it

NORKA
Norddeutsche Kunststoff- und
Elektrogesellschaft Stäcker
mbH & Co. KG
Sportallee 8
22335 Hamburg
Tel.: +49 40 5130090
Fax: +49 40 51300928
www.norka.de

Philips AEG Licht
Unternehmensbereich Licht
Steindamm 94
20099 Hamburg
Tel.: +49 40 28993366
Fax: +49 40 28992499
www.aeglicht.philips.de

Regent Beleuchtungskörper AG
Dornacherstraße 390
Postfach 246
CH–4018 Basel
Tel.: +41 61 3355111
Fax: +41 61 3355201
www.regent.ch

RSL
Tannenweg 1–3
53757 Sankt Augustin
Tel.: +49 2241 8610
Fax: +49 2241 334600
www.rsl.de

RZB Rudolf Zimmermann
Bamberg GmbH
Rheinstraße 16
96052 Bamberg
Tel.: +49 951 79090
Fax: +49 951 7909198
info@rzb-leuchten.de
www.rzb.de

SILL GMBH
Lichttechnische Spezialfabrik
Ritterstraße 9–10
10969 Berlin
Tel.: +49 30 6100050
Fax: +49 30 61000555
www.sill-lighting.com

Siteco Beleuchtungstechnik GmbH
Georg-Simon-Ohm-Straße 50
83301 Traunreut
Tel.: +49 8669 330
Fax: +49 8669 33397
info@siteco.de
www.siteco.de

Targetti
TARGETTI SANKEY SpA
Via Pratese, 164
I–50145 Florenz
Tel.: +39 055 37911
Fax: +39 055 3791266
www.targetti.com

Trilux TRILUX-LENZE GmbH + Co. KG
Heidestraße
59759 Arnsberg
Tel.: +49 2932 3010
Fax: +49 2932 301375
www.trilux.de

WE-EF LEUCHTEN GmbH & Co. KG
Töpinger Straße 19
29646 Bispingen
Tel.: +49 5194 9090
Fax: +49 5194 909299
www.we-ef.com

WILA Licht GmbH
Vödeweg 9–11
58638 Iserlohn
Tel.: +49 2371 8230
Fax: +49 2371 823200
www.wila.de

Willing – Dr. Ing. Willing GmbH
Columba-Schonath-Straße 4
96110 Scheßlitz
Tel.: +49 9542 92250
Fax: +49 9542 922528
www.willing-online.com

Zumtobel Staff
Schweizerstraße 30
A–6850 Dornbirn
Tel.: +43 5261 2120
Fax: +43 5261 2127777
info@zumtobelstaff.at
www.ZumtobelStaff.at

weitere Kunstlicht-Hersteller über:

Fördergemeinschaft Gutes Licht
(FGL)
Stresemannallee 19
60596 Frankfurt am Main
Tel.: +49 69 6302353
Fax: +49 69 6302317
fgl@zvei.org
www.licht.de

On-Light:
www.on-light.de

Bildnachweis / Rechte:

Fotografien, zu denen kein Fotograf
genannt ist, sind Autorenaufnahmen,
Werkfotos oder stammen aus dem Archiv
DETAIL.

Wir danken dem Büro ULRIKE BRANDI
LICHT für die Bereitstellung von Fotos
und Bilddaten, insbesondere Christina
Augustesen und Jörn Hustedt.
UN Studio van Berkel & Bos, Amsterdam,
für die Bereitstellung der Planunterlagen
zum Neuen Mercedes-Benz Museum in
Stuttgart.

Seite 10 oben links:
Christian Gahl, Berlin

Seite 14 oben rechts:
Roland Halbe/artur, Köln

Seite 14 unten:
Monika Nikolic/artur, Köln

Seite 15:
Peter Ferstl, Pressestelle Stadt
Regensburg

Seite 17:
Fotoarchiv Hirmer Verlag, München

Seite 19 oben links, 33:
Michael Heinrich, München

Seite 19 oben rechts:
Hisao Suzuki, Barcelona

Seite 21 rechts:
Margita Jocham, München

Seite 25:
Duccio Malagamba, Barcelona

Seite 28, 100:
Christian Schittich, München

Seite 34:
Agero AG, Schlattingen

Seite 36, 37:
G. Kirsch, Freiburg

Seite 38:
Robertino Nikolic/artur, Köln

Seite 39, 40:
Thomas Ott, Mühltal

Seite 48, 50:
Bernadette Grimmenstein, Hamburg

Seite 69:
Fördergemeinschaft Gutes Licht,
Frankfurt am Main

Seite 76, 78, 80:
Uwe Ditz Photographie, Stuttgart

Seite 90, 97 oben:
Maija Holma/Alvar Aalto Foundation,
Helsinki

Seite 92:
Pernille Klemp/Ordrupgaard,
Kopenhagen

Seite 93:
Kay Fingerle, Berlin

Seite 94:
Fondation Le Corbusier/VG Bild-Kunst,
Bonn

Seite 95:
Ola Lahio, Helsinki

Seite 96 oben:
aus: Rudolf Schwarz, Kirchenbau, S. 224,
sowie Archiv Schwarz

Seite 96 unten:
Kai Kappel, München

Seite 97:
aus: Alberto Ferlenga, Aldo Rossi
Architetture 1959-1987,
Milano 1987, S.49

Seite 98:
Bent Ryberg/Edition Bløndal, Hellerup

Seite 99:
Frank Kaltenbach, München

Seite 101:
Bitter Bredt Fotografie, Berlin

Rubrikeinführende Aufnahmen:

Seite 90:
Stadtbibliothek in Viipuri, Russland;
Alvar Aalto